AS 10 COISAS MAIS IMPORTANTES QUE OS MORTOS QUEREM DIZER A VOCÊ

O livro é a porta que se abre para a realização do homem.
Jair Lot Vieira

MIKE DOOLEY

AS 10 COISAS MAIS IMPORTANTES QUE OS MORTOS QUEREM DIZER A VOCÊ

Tradução e notas: Raul Fiker
Livre-docente em Filosofia pela Unesp. Pós-doutor em
Filosofia pela Cambridge University. Doutor em Filosofia
pela USP. Mestre em Teoria Literária pela Unicamp.
Professor adjunto da Unesp.

mantra

AS 10 COISAS MAIS IMPORTANTES QUE OS MORTOS QUEREM DIZER A VOCÊ

MIKE DOOLEY

TRADUÇÃO E NOTAS: Raul Fiker

1ª Edição 2016

THE TOP TEN THINGS DEAD PEOPLE WANT TO TELL YOU
Copyright © 2014 by Mike Dooley
Originally published in 2014 by Hay House Inc. USA.

© desta tradução: *Edipro Edições Profissionais Ltda.* – CNPJ nº 47.640.982/0001-40

Todos os direitos reservados. Nenhuma parte deste livro poderá ser reproduzida ou transmitida de qualquer forma ou por quaisquer meios, eletrônicos ou mecânicos, incluindo fotocópia, gravação ou qualquer sistema de armazenamento e recuperação de informações, sem permissão por escrito do Editor.

Editores: Jair Lot Vieira e Maíra Lot Vieira Micales
Produção editorial: Fernanda Rizzo Sanchez
Revisão da tradução: Alexandre Sanches Camacho
Revisão: Thais Nacif, Maria Aiko Nishijima e Tatiana Yumi Tanaka
Projeto gráfico: Studio Mandragora
Editoração eletrônica: Bianca Galante
Arte da capa: Marcela Badolatto | Studio Mandragora

Dados Internacionais de Catalogação na Publicação (CIP)
(Câmara Brasileira do Livro, SP, Brasil)

Dooley, Mike, 1961- .
    As 10 coisas mais importantes que os mortos querem dizer a você / Mike Dooley ; tradução e notas Raul Fiker. – São Paulo : Mantra, 2016.

    Título original: The top ten things dead people want to tell you
    ISBN 978-85-68871-04-1

    1. Mortos – Miscelânea 2. Vida – Miscelânea 3. Vida futura – Miscelânea I. Fiker, Raul. II. Título.

15-04862 CDD-128

Índices para catálogo sistemático:
1. Ser humano : Existência : Filosofia 128
2. Vida e morte : Filosofia 128

mantra.
São Paulo: Fone (11) 3107-4788 • Fax (11) 3107-0061
Bauru: Fone (14) 3234-4121 • Fax (14) 3234-4122
www.mantra.art.br

SUMÁRIO

Agradecimentos	**7**
Introdução	**9**
Capítulo 1 Não estamos mortos!	**17**
Capítulo 2 O diabo e o inferno não existem	**35**
Capítulo 3 Estávamos prontos	**50**
Capítulo 4 Você não está pronto	**65**
Capítulo 5 Lamentamos todas as dores que causamos	**80**
Capítulo 6 Seus sonhos podem realmente se realizar	**93**
Capítulo 7 O "céu" vai deixá-lo boquiaberto!	**109**
Capítulo 8 A vida é mais do que justa	**128**
Capítulo 9 Seus "antigos" animais de estimação continuam loucos como sempre	**146**
Capítulo 10 O amor é a maneira; a verdade é o caminho	**158**
Epílogo	**171**
Leituras recomendadas	**173**

AOS VIVOS – AINDA É SUA VEZ

AGRADECIMENTOS

Escrever é um pouquinho como dar à luz uma criança, embora minha esposa provavelmente não concorde com isso. Em um único momento, o que nunca existiu passa a existir. E a menos que você tecle e delete, essas palavras sobreviverão a você. Ora... porque, como criança, você tende a pensar que cada uma das suas coisas é a mais bela e preciosa no mundo, mesmo considerando que pode não ser o único a pensar assim.

Eu, portanto, gostaria de tirar meu chapéu e compartilhar profunda gratidão por minhas fantásticas editoras nesta obra, Patty Gift e Anne Barthel, por terem sabido quando me encorajar, e por terem tido a coragem de me dizer quando parar, apagar ou nem sequer pensar nisso! E por, às vezes, mostrar-me o que eu realmente queria dizer, em palavras que eu não conseguia achar. Seu entusiasmo, empatia, esperteza e habilidade são o que todo autor sonha um dia ter em sua equipe, e estou feliz por nossos caminhos terem se cruzado.

INTRODUÇÃO

Ninguém sabe como tudo começou, nem mesmo os mortos, mas todo mundo sabe que começou.

Felizmente, ninguém precisa saber como tudo ocorreu para viver plenamente, aproveitando cada momento e sendo sempre feliz. Por outro lado, isso não é tão claro aos vivos como é aos mortos *atualmente*. Existem muitas outras civilizações adiantadas, espalhadas no cosmos – inclusive a do nosso próprio mundo, em tempos por vir (futuro) –, nas quais os vivos sabem tanto quanto os mortos sobre todas as coisas. Mas hoje em dia – por razões que logo se tornarão claras depois que você ler estas páginas – os mortos têm uma perspectiva imensamente melhorada. Eles veem mais. Eles se lembram das escolhas de vida que fizeram. Eles se lembram do amor – inescapável, carinhoso e sublime. Assim, eles têm algo a dizer aos vivos, que atualmente não têm a mesma visão.

Vivemos tempos muito primitivos, o que torna a mensagem deste livro algo muito relevante.

Como eu sei?

Simplesmente sei. Do mesmo modo que você sabe que é amado, mesmo sem precisar ouvir isso.

Como nós sabemos de alguma coisa não é tão importante quanto o *fato* de sabermos dessa coisa. Certo? Até onde eu saiba, essa é a verdade. Assim como é verdade que você não precisa saber quem acendeu a luz de um quarto escuro para fazer uso dessa luz, por exemplo.

E é justamente dessa forma que devemos pensar sobre a questão da vida e da morte. Não importa quantas opiniões existam sobre o tema; a verdade sempre será a mesma. E não importa como você vai descobrir essa verdade, desde que o faça; e quanto mais cedo isso acontecer, maior será sua paz. Você saberá quando encontrar essa verdade, porque ela fará sentido. Lógica, intelectual e emocionalmente. No milênio em que vivemos, essa descoberta é pouco frequente, pois existem diversas versões dessa verdade disseminadas pelo mundo. Descobrindo-a, você se sentirá livre, fortalecido, iluminado, alegre, amoroso, e sua confusão será banida. E, então, subitamente, você verá evidências por toda a parte, mesmo bem diante de seu próprio nariz, *incluindo* seu próprio nariz. E isso te trará tanta felicidade que você vai sentir vontade de dançar. E muito!

Dançando ao som da verdade do amor

Seus pés estão preparados? Porque este livro vai lhe fazer dançar ao som do amor, que você nunca escutou, mas sentiu silenciosamente por toda a vida.

Não tenha medo; não vou lhe pedir para mergulhar cegamente em sua fé para que aceite minhas explicações. Em vez disso, vou compartilhar tudo o que descobri depois de utilizar um pouco de lógica e bom senso, agora e nos capítulos seguintes. Para começar:

+ Se você pensa que, como todos os mais respeitados físicos quânticos do mundo, tempo e espaço são ilusórios, e

+ Se você acredita, como noventa e dois por cento[1] dos vivos, que sobrevivemos à nossa morte física, então

= Você não acha que os mortos estariam *extremamente ansiosos* para consolar e inspirar aqueles que eles amam e a humanidade em geral?

Você respondeu que sim, certo? É certo esperar que um recém-falecido, depois de viver do berço ao túmulo, cruzar a fronteira da morte e perceber que de fato existe a continuação de sua existência – com personalidade e senso de humor intactos –, queira gritar isso para todos do alto de uma montanha. Depois de descobrir que, apesar de seus pecados e passos em falso, ele está envolto por amor, e tem uma visão muito melhor sobre o sentido da vida, é natural acreditar que queira contar tudo para os vivos.

Imagine que você é o ente querido que partiu recentemente, observando a Terra lá de cima, com lágrimas de alegria ainda

---

1. De acordo com um estudo de 2007 da Pew [Centro de pesquisas em Washington] (N.T.).

umedecendo sua face e vendo o coração partido e a confusão de seus parentes e amigos que ficaram. *Por Deus!* Mas é claro que o mais importante para você naquele momento é voltar para baixo e dizer a todos que está tudo bem! *Tudo está muito bem! Vocês ainda não estão mortos! Vocês se encontrarão mais tarde! Ainda é a vez de vocês! Continuem sonhando! Continuem vivendo! Continuem amando!*

E essas boas notícias mudariam fantasticamente tudo para os vivos, para sempre, não é? E quem melhor para nos acalmar e inspirar do que o próprio ente querido que perdemos?

O que não é Deus?

A compulsão dos "mortos" de entrar em contato se intensifica quando eles descobrem que não há sinais de um Deus no além *como é descrito em quase todas as religiões.* Isso é, na verdade, uma boa notícia, se levarmos em consideração a forma que as religiões descrevem Deus. É claro que *existe um Deus*, porém Ele não é como aquele definido e proferido pelos cegos que guiam outros cegos. É difícil definir a verdade em palavras, mas explicando de forma sucinta: Deus é a soma de *tudo o que existe* – toda voz, toda batida do coração, todo homem, mulher e criança, todo animal, todo inseto, todo rochedo, planeta e cisco de poeira, inclusive seres conscientes longe do tempo e do espaço. "O que não é Deus?" Para essa pergunta, há uma resposta simples: "Nada".

Você está entendendo isso, não está? Sim, é o que você sempre suspeitou. Conhecemos a verdade quando a encontramos, porque ela corre em nosso sangue e forma nosso DNA. E assim, quando ponderamos sobre grandes questões, ou ouvimos novas ideias, percebemos a presença da verdade, se estivermos preparados. Ela *é* o que somos, não é abstrata nem transitória; nós somos a verdade viva. É *objetivo.* Real. Simples. E, mesmo que possa haver um número infinito de caminhos para Roma, nenhum deles muda Roma.

Identificamos a verdade quando a encontramos. O problema é que estamos tão mergulhados em nossa "vida", que, às vezes, não a enxergamos. Além disso, estamos em um estágio inicial de desenvolvimento espiritual em nossa civilização, e não nos concedemos permissão para ir a lugares em pensamento se não pudermos tocá-los, prová-los, vê-los, ouvi-los ou senti-los. Muito *rudimentar*, mas também previsível, levando em consideração nossa posição no arco evolucionário.

Estes *são* tempos primitivos, e, dado que os tempos são definidos pelas pessoas que os ocupam, somos pessoas primitivas. Não por acaso, mas sim por desígnio. Nós sabíamos que seria assim. Optamos por vir ao mundo cedo no processo de desenvolvimento da humanidade, talvez porque voltemos posteriormente em uma posição privilegiada, talvez como mestres, ou porque hoje temos possibilidades aqui que não existirão no futuro. Isso não importa realmente agora; estamos aqui. Somos filhotes na selva do tempo e espaço, e é natural que estejamos assustados com o mundo à nossa volta. Vulneráveis, dependemos quase exclusivamente de nossos sentidos para identificar, definir e executar progressos. Assustador, não?

> **Mesmo que possa haver um número infinito de caminhos para Roma, nenhum deles muda Roma.**

Se quebrou, conserte

Embora sejamos ingênuos ao nascer, não precisamos permanecer assim para sempre. Nossa ignorância tinha um propósito, que era atrair nossa atenção para as ilusões. Agora é hora de começar a jogar. As mãos que nos ajudaram a dar os primeiros passos não são mais necessárias e, na verdade, podem agora nos atrapalhar. Lágrimas estão sendo desnecessariamente derramadas, corações estão sendo desnecessariamente partidos; é hora de mudar nossa órbita. Vamos *trazer os mortos para o espetáculo*. Eles são como irmãos e irmãs mais velhos, muito íntimos de nós, e anseiam por ajudar seus iguais e amenizar os conflitos de nosso aprendizado na vida o mais cedo possível. Afinal, em breve nossos papéis se inverterão.

Hoje, eles têm o que você precisa: perspectiva. E você tem o que eles precisam: o mundo que eles logo herdarão. Além disso, estamos em família; eles o amam e você os ama. E o que eles têm a lhe dizer é absolutamente eletrizante, transformador. Mata o medo e induz à alegria. É a verdade sobre quem *você* é, como *você* veio parar aqui e o que *você* pode fazer com seu tempo no espaço.

É óbvio que os mortos não conseguem dialogar conosco, ainda. Nem têm laptops, teclados ou acesso à internet. Portanto, se possível, serei seu anfitrião. Sou tão normal e único quanto você, mas talvez eu me lembre de mais coisas. Creio que escolhi esta vida, em parte, para fazer exatamente isso – lembrar-me de mais coisas. Tive muito foco, contei com a ajuda de meus pais, fiz uso de intensificadores de memória, passei 40 de meus 53 anos alegremente questionando, ponderando e remando incansável rumo à verdade. Durante esses anos, meu objetivo principal foi vivenciar minhas descobertas: aplicar essas respostas absolutas à minha vida, ajustando-as deliberadamente para *minha própria* felicidade e prosperidade. E pelos catorze últimos anos, para minha maior surpresa, também me tornei um professor em tempo integral sobre a natureza da realidade, vivendo uma vida que é tanto um exemplo do que ensino quanto o motivo de minha alegria. Coincidência? Acho que não.

Comecei a pesquisar cedo, ainda adolescente, e, na época em que eu era um calouro na Universidade da Flórida, minha busca pela verdade me levou a me aprofundar – e muito – no assunto da morte. *Por que morremos? Todo mundo? Vamos embora para sempre? Realmente?!* Em seguida, minha mãe começou a me mandar livros[2] que, quando combinados aos meus sentimentos e palpites intuitivos, responderam a minhas questões e mexeram com meu mundo.

O fato é que refletir sobre a morte pode ensinar-lhe um bocado sobre a vida. O processo de abrir sua mente, buscar novas respostas, bater em portas desconhecidas e revirar pedras no caminho faz que você realize novas descobertas constantemente. Nada o liberta mais do que a verdade, e nada o restringe mais do que não sabê-la. Conhecimento é poder; ele pode curar, preencher, esclarecer, aliviar, reunir, e até fazer o sol raiar.

Um homem ou mulher sintonizados e comprometidos com a verdade se tornam uma espécie de ser que costumo chamar

---

2. Ver Leituras recomendadas.

de *coisasuperlegalfelizeamorosa*. É isso aí. Eu criei essa palavra. Obrigado.

Como professor de realidade, contudo, não crio coisas. Apenas compartilho o que é óbvio. Tento tornar as coisas divertidas. E me divirto. Por exemplo, durante os últimos doze anos, tenho postado um e-mail diário gratuito intitulado "Notas do Universo". São pequenas gotas de verdade, às vezes embrulhadas com humor, recebidas hoje diariamente por quase seiscentos mil assinantes. Também escrevo livros, gravo programas de rádio, produzo DVDs e ministro palestras no mundo todo.

De modo algum desvendei todos os mistérios do universo. Ainda estou longe de atingir o nível de consciência que tem o meu cachorro, ou o pequeno bosque de ciprestes em frente à minha casa. Mas conheço as respostas para as questões importantes. Sei quem somos, por que somos, como viemos parar aqui e o que precisamos fazer para produzir importantes mudanças na vida. Respostas que podem ser aproveitadas por *qualquer um* – e muitos as têm aproveitado.

Você não acha, afinal de contas, que todos nós deveríamos saber o significado de nossa vida e nosso lugar no universo? Saber *mesmo*, inclusive o que veio antes e o que vem depois? Minhas experiências, meus experimentos, minha vida mostraram-me que podemos saber de tudo isso. E é sobre isso que tratam as "10 coisas" deste livro: conhecer a verdade e progredir com consciência, sobrepujando nossos medos. É isso que os mortos, e aqueles que estão *vivos e conscientes, e que se importam com você*, querem sinceramente que você saiba. As regras básicas para prosperar na Terra.

Quando não estão reavaliando o que foram ou estudando o que vem em seguida, a atividade favorita dos mortos é torcer por você. Mas não sentados em um sofá, enxugando as lágrimas. Não metaforicamente, mas literalmente. Eles o estão observando e a humanidade também, agora mesmo. Batendo em sua testa celestial, martelando ansiosamente os joelhos com os punhos, gritando conselhos, encorajando, sussurrando com doçura em seus ouvidos, enquanto você anda aos tropeços no escuro.

> Nada o liberta mais do que a verdade, e nada o restringe mais do que não sabê-la.

Na claridade

Encontrei a verdade e quero ajudá-lo a encontrá-la também. Creio que ela é absoluta, simples e compreensível. Quer você concorde ou não com tudo – ou parte – do que compartilho, este livro oferece *insights* e perspectivas que podem ajudar qualquer um a viver uma vida mais feliz – agora. Ele inclui uma abordagem racional sobre o significado da vida e como devemos vivê-la. Você verá que, reconhecendo e aceitando plenamente o óbvio (vida, milagres e felicidade), sem reservas, sem as usuais superinterpretações, justificativas e análises, você pode vir a ter mais controle e segurança sobre os acontecimentos de sua vida.

Mas nem tudo são flores. Sei das cobranças da vida cotidiana, e não vou lhe pedir para agir sempre usando apenas seus sentimentos. Em vez disso, como soldado da vida que sou, que cuida de seu companheiro de guerra, e o acorda quando ele está prestes a perder seu café da manhã, vou cutucá-lo e delicadamente sacudir seu ombro para ajudá-lo a acordar e ver que algo incrível está acontecendo. Algo absolutamente maravilhoso. E que você está no centro de tudo isso.

Existe uma inteligência benigna e onipresente, embora, às vezes, imperceptível, que permeia a enorme vastidão da realidade, desde o centro da Terra até as mais distantes extensões do espaço. Porém, *podemos perceber muito pouco* desse incomensurável e magnífico escopo, e justamente por isso, podemos afirmar que tudo tem uma razão, não há equívocos; o amor torna tudo melhor; e o que não faz sentido ainda, um dia fará.

E nós mesmos somos permeados por essa inteligência benigna. Podemos comprovar isso de forma clara e definitiva em nossa própria vida. Além disso, podemos, em um grau significativo e profundo, gerenciar essa inteligência de acordo com nossa vontade.

Eu descobri cedo em minha busca por respostas – e isso, sem dúvida, ocorreu em sua vida também – que, quanto mais tempo eu me dedicava a uma questão, mais certo era o fato de que eu encontraria a resposta. Ela sempre chegava, quer da forma usual, em um livro que "coincidentemente" cruzava meu caminho, quer pela misteriosa espécie de osmose. O que quero dizer é que essas palavras é que te encontram. Neste livro, trato de tópicos polêmicos e você, sem dúvida, vai examiná-los de ângulos nunca antes considerados. Por isso, gostaria de alertar que qualquer passagem, frase ou capítulo deste livro, *lido fora do contexto oferecido pelo livro todo*, pode ser perturbador ou mesmo enganador. Portanto, aconselho enfaticamente que você o leia de capa a capa ou simplesmente o deixe intocado, largado pela casa, até que um "amigo-leitor-ávido" finalmente o leia e conte as descobertas que fez para você.

E finalmente, para ser justo com os mortos, devo afirmar que os capítulos aqui contidos não falam por todos eles. Entre os caros falecidos, existem alguns que ficam presos em pensamentos inúteis, como vingança, fuga de um Lúcifer que não existe ou busca de um lindo simulacro de seu profeta favorito. Não se preocupam com a natureza da realidade e ainda a conhecem muito pouco. Eles eventualmente entenderão o significado de tudo aquilo, mas o fato é que a morte não traz automaticamente iluminação. É uma fase de reorganização para os ex-vivos. É hora de se reunir, compartilhar, rir, chorar, se reafirmar, montar estratégias e se preparar para o que vem em seguida. Os capítulos aqui contidos são, portanto, dedicados aos "mortos", que "sabem" em decorrência da experiência; às "velhas almas", que gostariam de alcançar aqueles que *querem* ser alcançados – aqueles prontos a aprender as verdades da vida de modo que possam ser mais felizes e ajudar os vivos.

Todo seu nesta aventura.

CAPÍTULO I

NÃO ESTAMOS MORTOS!

É estranho como as pessoas gostam de ouvir coisas que já sabem. É como se ouvir algo de outra pessoa tornasse aquilo mais real. É por esse motivo que a coisa número 1 que os mortos querem lhe dizer é que ninguém de fato morre. Nunca. Ninguém. Inclusive você. Você vai viver para sempre, vagando por realidades e dimensões inimagináveis, conduzido sempre pelo amor. Seus erros serão perdoados, haverá infinitas possibilidades ao seu alcance. Você estará rodeado de amigos e de alegria. Até mesmo unicórnios e arco-íris celebrarão o deus ou a deusa que você é.

Sim, por mais que essa última frase coloque em cheque toda credibilidade do que digo, a verdade é essa mesma: se você quiser unicórnios, terá unicórnios.

As formas mudam, a mensagem pode também variar, mas mesmo os mais simples cartões de pêsames têm a profundidade e a clareza de lembrá-lo do que você já sabe: aqueles entes queridos recentemente falecidos estão "em um lugar melhor". E, embora você possa duvidar, ou sofrer para acreditar nisso, não é essa vida eterna que pregam todas as religiões? Os cientistas não provaram que a matéria não é sólida, mas sim energia *organizada*? "Organizada", nesse caso, significa altamente operativa e plenamente carregada. Os sonhos noturnos não indicam a separação óbvia entre consciência e corpo físico? E não seriam esses incidentes provas suficientemente registradas do paranormal, a ponto de fazer o mais cético parar e refletir?

Contudo, apesar de uma crença no pós-vida e na existência de uma superinteligência amorosa, poucas coisas na jornada de um ser humano podem ser tão debilitantes quanto encarar a morte de um ente querido, o que para o mundo físico significa adeus – *para sempre*. É normal dizermos adeus para a mesma pessoa em um dia comum, quando saímos por aí com nosso carro, rumo ao trabalho ou à escola, esboçando um sorriso compreensivo, indiferente. Para a chegada da morte, porém, o adeus é cabal, total e de absoluta devastação.

Apenas a verdade pode ajudá-lo agora. Cristalina, clara, absoluta e definitiva, a verdade. Ela existe. Mais sólida e segura do que uma rocha. E, embora os mortos não possam colocá-la dentro de você, eles podem revelá-la a uma mente aberta e oferecer ferramentas que podem ajudá-lo a tê-la. Por meio de raciocínio dedutivo, conectando uns poucos pontos seguros da ciência conhecida, simplificando, extrapolando e concluindo, você logo vaio sentar-se em seu trono de direito, vivendo em paz duradoura, imperturbável pelo monstro previamente conhecido como morte. Sabendo que todo "adeus" significa um novo "alô" e que, quanto maior o primeiro, maior o segundo.

O que realmente ocorre

Consideremos primeiro o óbvio: objetos inanimados, como rochas, nunca evoluirão a ponto de ter personalidades, cores favoritas ou melhores amigos. Por quê? Porque a consciência não é produzida ou criada pela matéria. Certo? Ela não é fabricada em laboratórios, e também nunca surgiu de forma espontânea na natureza. Claro, existe consciência, mas supor que ela se *originou* ou existe por causa da matéria não faz sentido.

Portanto, podemos entender que a independência da matéria (matéria sendo mantida e definida por tempo e espaço) significa também independência do tempo e do espaço. Significa que a consciência, seja ela o que for, existiu antes do conceito de tempo e de espaço. Sim? Fácil? Confortável? Até agora, sem quase nenhum esforço intelectual, traçamos um quadro razoavelmente claro: você, um ser sem forma e eterno, possui temporariamente um corpo que é física, química e organicamente emprestado das substâncias da Terra, e o utiliza para canalizar sua energia e personalidade não físicas enquanto negocia espaço, viaja pelo tempo e experimenta o que se tornou conhecido como vida. *Voilà!*

"Calma, companheiro, você está indo muito depressa! Além disso, por que tudo isso acontece?", você me pergunta.

Mas espere. Estamos apresentando uma teoria que vai ser explicada em dez capítulos, e eles incluem o *"porquê"* de tudo isso.

Mas para fazer o papel de advogado do diabo, pergunto: Se, como muita gente hoje pensa, "morto" é *morto* – luzes apagadas, tudo acabado, para sempre –, então tudo isso que está sob o Sol, inclusive o próprio Sol, é relativamente sem sentido? Estúpido mesmo? E, se a vida é essencialmente sem sentido, então a própria base da vida seria desprovida de inteligência (em outras palavras, "estúpida")? E, se não há inteligência, isso significaria que a vida, tal como você a conhece, é pura causalidade? Então, portanto, sua própria existência hoje é sem intenção, simplesmente um acaso. Trata-se de um golpe de *inimaginável* boa sorte – algo como ganhar na loteria todo fim de semana uma vez após a outra por dez mil vezes.

Por outro lado, se voltarmos ao nosso raciocínio anterior, "morto" não é *morto*, e você, portanto, prossegue transformado. Isso quer dizer, com toda a certeza, que tempo e espaço não são o fundamento da realidade. Correto? Que a consciência, seja lá de onde ela venha, está igualmente livre para existir além deles? Contudo, ela está presente em nossas ilusões e, para isso, deve haver uma razão, não é? E para haver uma razão, deve haver ordem? Para haver ordem, deve haver significado? Tudo evidencia, mais uma vez, só que agora de um novo ângulo, que existe uma inteligência independente do tempo, do espaço e da matéria. Sim?

Com toda a certeza.

Atenha-se a isso, veja cuidadosamente o óbvio, sem tirar muitas conclusões, concentre-se na verdade, e você também verá como saber muito mais. E aprenderá que nada mais no mundo todo é tão importante para você como compreender

> **Você é o motivo de o sol nascer todo dia, literalmente.**

exatamente o que está se passando. Estas páginas o levarão até lá.

A Lâmina de Ockham

William de Ockham, ou William Ockham, foi um monge franciscano do século XIV, acadêmico e teólogo de Ockham, uma cidade em Surrey, Inglaterra. Ele é famoso pelo simples fato de ter inventado (o que é debatido até hoje) a mais simples ferramenta para se chegar à verdade sobre qualquer questão, hoje conhecida como a Lâmina de Ockham. A lâmina, neste caso, é um instrumento usado para remover o que não é desejado. Para nosso contexto, o indesejado seria especulação, mentiras e lanugem. De forma resumida, a ferramenta define que:

> De duas ou mais teorias em competição, a teoria mais simples é provavelmente a mais correta.

Essencialmente, ele está dizendo que, para conseguir a verdade sobre qualquer questão, *devemos mantê-la simples*. Não a conecte a muitos pontos. Não aceite quaisquer premissas nem vá além de quaisquer tangentes que não sejam necessárias para que se chegue a um senso de paz e confiança, ou que coloque em dúvida a certeza que você alcançou com sua coleção inicial de pontos conectados.

Utilizemos um exemplo. Embora tempo e espaço contenham um número *infinito* de verdades – algumas conhecidas, muitas desconhecidas, todas discutíveis –, há sempre um ponto que pode ser conectado, pelo qual todas as pessoas estarão de acordo, proporcionando paz e confiança.

Ponto 1: *Hoje é um lindo dia.*

Sim? Você concorda? Se está chovendo, procure ver o lado bom. É claro que você pode, com razão, argumentar que em alguns lugares, onde há sofrimento e miséria, hoje não é um dia lindo. Mas não seriam tais lugares exceções? Dolorosas exceções, mas ainda assim, exceções? Não é certo dizer que, de forma geral, para a maioria das formas de vida deste planeta, apesar de cada desafio individual, hoje é um lindo dia?

Dependendo da hora em que você está lendo isso, ele foi; ele é; ele será um dia lindo.

Essa verdade sobre a vida na Terra nos ajuda a ganhar um pouco de tração, não é? Não é uma informação que nos ajuda a tomar decisões, estabelecer rumos e fazer planos? O conhecimento, afinal, é poder. Se hoje é um lindo dia, como foi ontem e, por dedução, como será amanhã, você pode escolher desfrutá-lo. Dance a dança da vida, saia para o mundo, encontre amigos, aproveite cada momento, gire, pule, salte... eis o poder de conectar um ponto!

Tudo bem. Agora, para entender a teoria de Ockham, vamos conectar mais alguns pontos *desnecessários:*

Ponto 1: *Hoje é um lindo dia...*

Ponto 2: *... porque essa é a calma antes da tempestade.*

Hummm... Bem, talvez seja. Talvez não... Talvez você deva se apressar para fechar as janelas! Por outro lado, você nunca fechou as janelas e nunca nada de mal aconteceu. Portanto, talvez você possa continuar no seu feliz caminho e esperar pelo melhor?

Você vê como, conectando mais um ponto *desnecessário*, um ponto problemático, perdemos a tração que antes havíamos ganhado?

Vamos agora conectar um ponto diferente:

Ponto 1: *Hoje é um lindo dia...*

Ponto 2: *... porque ontem à noite você telefonou para sua mãe e não perdeu a paciência e, portanto, Deus o está recompensando com sol e uma deliciosa brisa.*

Como? Subitamente *Deus* entra em cena? Há um julgamento? E o pior, outros por perto estão desfrutando deste lindo dia que *você* ganhou por *seu* "bom" comportamento? Como seria esse dia para eles se você tivesse se esquecido de telefonar, ou, pior, *se você perdesse paciência?!*

E mais uma vez perdemos a tração ao conectar apenas mais um ponto. Contudo, temos aqui outro problema: hoje, nossa filosofia de vida nos faz crer que *aquele, ou aquela, que conecta a maioria dos pontos está mais próximo da verdade, ou, em alguns círculos, mais perto de Deus!* Muitas vezes, terroristas e extremistas acham que estão se aproximando de Deus tomando como base pontos problemáticos, conectados por outras pessoas, para que eles os sigam. Deixar outra pessoa conectar seus pontos significa viver pelas regras de outra pessoa. Com a lâmina de Ockham, aliada a um pouco de reflexão, você pode responder às suas próprias perguntas.

De onde você vem

Você concorda que tempo e espaço são relativos, certo? Diferentes de uma pessoa para a outra, sim? Portanto, mais ilusórios do que sólidos, certo? Não são o que parecem ser, de acordo?

Ponto 1: *Tempo e espaço (e, portanto, matéria) são ilusórios.*

Bem, então, se tempo e espaço são ilusórios como uma miragem, deve existir algum domínio que suporta ou proporciona as ilusões? Algo que sirva como base de sustentação para elas? Como o deserto serve de base para a miragem? Não é necessário que você compreenda ou saiba muito sobre esse domínio – seriam necessários muitos pontos conectados –, desde que aceite que ele deve existir. Talvez como uma dimensão que "precede" ou existe independentemente das ilusões?

Sim, esse domínio existe.

Ponto 2: *Existe um domínio onde nem tempo nem espaço existem.*

O que você acha que pode encontrar em um domínio ou dimensão que "precede" tempo, espaço, matéria e até você mesmo?

Uau! Chegamos a um estágio em que muitos pontos, aparentemente inconectáveis, precisam ser considerados. E é nessa altura, em nossa busca, que geralmente ficamos sobrecarregados e desistimos, deixando que outros cheguem às respostas. Mas não tema, porque há ao menos um ponto que podemos conectar, apenas *um*, que não parecerá incômodo, improvável ou forçado.

Consciência. Concorda? Alguma forma de consciência, também conhecida como inteligência (aquela mesma que você aceitou há algumas páginas, como oposta à vida ser estúpida), deve ter existido antes do tempo/espaço/matéria. Você poderia até chamar isso de Deus, já que funciona de forma similar. *Mas, por favor, não faça isso*, ao menos não ainda. Muitas pessoas o fazem, sem sequer pensar sobre o assunto. Mas cada pessoa tem sua própria crença e faz sua própria conexão de pontos para definir Deus. E isso torna o conceito muito diferente, quase irreconhecível, conforme você passa de pessoa para pessoa.

Ponto 3: *No domínio ou dimensão que "precede" tempo, espaço, matéria e você mesmo, você encontrará "consciência", que pode ser chamada de Deus (mas não faça isso ainda!).*

Temos, até agora, alguns pontos bem simples, mas de profundo significado e importante natureza. É crucial que você entenda, aceite e admita o óbvio, porque *sua felicidade e o controle de sua vida* são fatores determinantes nessa teoria. Uma de suas maiores responsabilidades é compreender o máximo que puder a respeito de sua presença no cosmos.

O que mais podemos entender como "inteligência", "consciência" ou "percepção"? Que tal o "pensamento"? "Pensamento", de forma geral, faz parte e torna possível todos esses conceitos.

Ponto 4: *Mesmo antes do tempo e espaço você encontrará alguma forma de pensamento!*

Quem você deve ser

E isso *pode significar* que "onde" existia apenas inteligência, percepção ou *pensamento*, existem hoje planetas, montanhas e pessoas (tempo, espaço e matéria). *Logo, do que são feitos esses planetas, montanhas e pessoas?*

Sim! Excelente! Está certo! Eles devem todos ter sido feitos de pensamento! Pensamento que se tornou algo material! Uma "coisa".

E veja quem está pensando agora...

Bem, agora concordo que estamos indo rápido demais.

Ponto 5: *Pensamentos* tornaram-se *coisas*. *Pensamentos* tornam-se *coisas*: PTC.

Obviamente, quando dizemos "coisas", também nos referimos a circunstâncias e eventos, que estão, na realidade, apenas movendo coisas. Certo? Assim, o pensamento é o motor de todas as "coisas" no tempo e espaço. Pensamento: consciência, inteligência e percepção. Uma tríade que pode ser chamada de Deus. Agora, mais uma conclusão fantástica: se "onde" uma vez havia apenas inteligência, percepção ou pensamento (definidos como Deus), agora existe, entre outras coisas, você... *e quem então você deve ser?*

Você *deve ser parte daquela* consciência, inteligência e percepção, o que similar e indiscutivelmente significa que você deve ser *de* Deus, *por* Deus, *para* Deus, *puro Deus você mesmo.* Literalmente, os olhos e ouvidos do Divino tornam-se reais dentro das ilusões de tempo e espaço, o sonho de vida.

Você simplesmente não pode *não* ser Deus; o que você seria se não fosse *aquela* consciência definida no início? De onde você teria vindo? Do que você seria feito? Não é possível não ser Deus! Não há outra opção. Tudo é Deus. Pedras, oceanos, buracos negros, você e todos os outros. Assim como não dá para ir à cozinha e preparar um bolo de chocolate utilizando milho e tomate como ingredientes, não é possível começar uma equação utilizando percepção-pensamento-Deus e subitamente ter algo que não deriva dessas variáveis.

Ponto 6: *Você é puro Deus.*

Nós não falamos nem vamos falar muito sobre o que é Deus. Deixemos Deus, por enquanto, com uma definição generalista: ele está ciente, ele é inteligente, e é dele que você e todas as "coisas" vêm, e ainda permanecem com ele.

E se isso o faz sentir-se mais confortável sobre as nossas futuras reflexões, saiba que sim, Deus é mais do que você. Infinitamente. Inimaginavelmente. Existem infinitos outros pontos para se conectar a essa teoria, *mas você não precisa fazer isso agora.* Apenas tenha a certeza de que não há uma célula sequer em seu corpo que não seja puro Deus. Você não deve tentar conectar mais pontos. Considere que sua motivação neste momento é simplesmente ajudar os "mortos" a fazê-lo compreender que, afinal, eles não estão mortos; e você pode acreditar nisso com mais facilidade se perceber que a existência deles, assim como a sua, não depende das ilusões que você chegou a pensar que fossem tão reais.

Portanto, vamos continuar, pois sua confiança vai melhorar à medida que respondermos mais algumas das perguntas que têm incomodado a humanidade desde sempre.

Por que você está aqui

Este é um ponto importante. Ele o incomoda? Imagino que sim, tendo em vista a lavagem cerebral a que somos submetidos: você é um ser limitado, envelhece, é frágil, nasceu do pecado, para o pecado, e vai pecar para o resto de sua vida, e ainda assim será posteriormente avaliado e julgado. Como? Por quê? Para ver se você não pecou? Difícil escapar dessa armadilha. É "não vencer" ou "não vencer". Proponho, então, deixarmos de lado todas essas ideias. Não vamos conectar esses pontos agora. Que tal?

Assim, sabendo agora que você é proveniente de um puro Deus, fica mais fácil chegar a uma explicação para sua presença no tempo e espaço de agora. *Você escolheu estar aqui.* Se você é *de* Deus, *por* Deus, *puro* Deus, e se Deus (percepção, pensamento) precedeu tempo e espaço, isso significa que você, uma porção de você, também teve de preceder tempo e espaço.

Agora, pensemos no seguinte: se alguma forma de você existia antes do tempo e espaço, e você está aqui, então que outra explicação poderia haver para sua presença e a de outros em meio a essas ilusões, exceto que vocês todos escolheram isso? A verdade é assim. Lógica. Simples. Faz sentido. Faria algum sentido se você fosse colocado à força por aqui? Quem forçaria Deus? E como? Faria algum sentido você estar aqui simplesmente por acaso? Será que te sortearam para vir para a Terra, tirando você do conforto de sua nuvem?

Ponto 7: *Você escolheu estar aqui.*

É interessante perceber como tanta gente entende que vai existir além das ilusões de nosso mundo, mas tem dificuldade em aceitar que já existia antes delas. Mas se o tempo, como o espaço e a matéria, é uma ilusão de sua própria criação (PTC), você tinha de existir antes dele! Curioso. É claro que você tem dificuldade em compreender isso, pois carece de alguma memória de seu passado, do tempo anterior ao mundo das ilusões em que vive agora. Mas desde quando não se lembrar de algo nega sua existência? Basta um pouco de introspecção, de algumas conexões de pontos, para que subitamente fique claro e cristalino o motivo de você não lembrar ter escolhido estar aqui... *você não queria lembrar*.

Sem luzes, mas com amnésia

Quando você assiste a um filme no cinema, você prefere as luzes ligadas ou desligadas?

Desligadas, certo? Por quê?

Para enxergar melhor! Não apenas com os olhos, mas com o coração. *Você quer senti-lo melhor*. Você quer estar com os atores e atrizes em cada cena. Você quer ser perseguido pelos seus temores e, então, enfrentá-los! Você quer superar os obstáculos e vencer! Você quer estar lado a lado com aqueles que fazem seu coração bater mais forte. *Você quer esquecer*, momentaneamente, que "você" existe, de modo que o "você maior" possa ser entretido e educado. Afinal, depois de uma ou duas horas, o filme termina e você vai estar de volta ao mundo, de volta ao lugar onde você estava. Contudo, você estará engrandecido pela experiência de ter *se esquecido* de si e de ter experimentado outro conjunto de regras; ter vivido como uma pessoa com crenças diferentes, com diferentes propostas de vida e entre amigos diferentes – tudo contido no roteiro do filme a que você assistiu.

O "primeiro" você, aquele que precedeu tempo e espaço, escolheu *as ilusões* entre as quais você está agora vivendo pelos mesmos motivos que o levaram a escolher um filme: diversão, aprendizado, alegria, desafio etc. Mas o "primeiro" você esquece que existia antes. Ele não se lembra de que fez o roteiro, imaginou as cenas, construiu cada etapa de suas ilusões e deixou tudo pronto para o desenrolar da trama principal. O você "maior" vem primeiro, antes das ilusões; foi ele quem as criou, para que você (o "segundo" você) pudesse vivenciá-las. E, percebendo isso, você pode ver que *você é a razão pela qual o Sol se levanta a cada dia*, literalmente. Você não surgiu a partir de um pensamento posterior, você era parte do primeiro pensamento. E continuará sendo você, mesmo depois que a última estrela no ilusório, mas espetacular céu noturno, escureça.

Ponto 8: *Você quis esquecer quem você era para ser plenamente quem você é.*

Tudo isso significa, com toda a certeza, que você escolheu estar aqui, *antes de sua amnésia*. Portanto, de maneira lógica, é certo afirmar que, do auge de seu brilho (certamente excedendo muito o brilho que você possui agora – sem ofensa), você não apenas escolheu estar aqui, mas também escolheu ser quem você é, exatamente como você é agora: *você é quem você mais queria ser!* De um número infinito de mundos e possibilidades, você fez sua escolha não apenas pela beleza do lugar, mas também pelas consequências que essa beleza poderiam lhe trazer, e por um conjunto de propósitos, significados, ordens e muitas outras intenções, metas e objetivos. É certo que suas razões foram as mais belas.

Você escolheu tudo sobre o você de agora. O formato de seu nariz, as sardas em sua face, o comprimento de suas pernas (ou se você as tem); suas inclinações intelectuais e emocionais, seus traços de personalidade e tudo o mais que te pertence neste tempo. (*É claro*, você tem outros "tempos", você é eterno e seu mundo de sonho é ilusório. Mas vamos tratar disso mais adiante). E, mais uma vez, não importa que você não saiba ou não se lembre de suas antigas ambições. Tais lapsos de memória são completamente irrelevantes. Tampouco sua amnésia significa que você não pode adquirir um senso do que está ocorrendo, como acabamos de rever; e nem o impede de realizar suas tarefas. É como no exemplo do cinema: você "esquece" quem é, mas se diverte e aprende enquanto assiste ao filme.

> Você escolheu ser quem você é, exatamente como é agora: você é quem você mais queria ser!

Ponto 9: *Você é agora quem você mais queria ser, e você sabia exatamente o que estava fazendo.*

O objetivo da vida

Então, qual é o objetivo da vida? Novamente, há muitos pontos para se conectar para chegar a algo próximo de uma resposta completa, mas você não precisa ter todas as respostas para ganhar tração no raciocínio; você precisa apenas conectar alguns pontos importantes, isoladamente. Para chegar lá, olhemos para o óbvio – para o que *acontece* no curso de toda a vida humana – e ponto final. Vamos nomear o que todas as pessoas, independente de credo ou da cultura, concordariam ser um objetivo de vida. E talvez nesse exercício, possamos responder à questão que ficou aberta, o *"por quê"*. Listamos, portanto, o seguinte:

1. Amar

2. Ser amado

3. Buscar felicidade

Podemos encontrar subitens dentro desses três tópicos: criar, servir, aprender, rir, e assim por diante. Mas, para manter simples nosso raciocínio, vamos assumir que esses são os três principais objetivos de grande e absoluta maioria.

Ponto 10: *Amor e felicidade são o motivo de estarmos aqui.*

É isso! É o suficiente! Por que precisamos de mais? Talvez haja mais, talvez muito mais. Mas, até que estes outros objetivos tão relevantes apareçam na sua frente, fique apenas com o óbvio, conecte esses pontos, simples e lógicos, nos quais você pode ter confiança.

Fazendo perguntas difíceis, e refletindo e deduzindo suas simples respostas, é possível começar a ver como você se enquadra na equação da criação da realidade. Como se fosse o próprio Criador.

Esses dez pontos não apenas oferecem direção e significado, mas também identificam as partes realmente importantes na aventura da vida: você, ou melhor, *seus pensamentos*. É nisso que você deve se concentrar quando estiver em busca de mais amor ou mais felicidade, ou quando quiser fazer a diferença. Dessa forma, você pode substituir carência por abundância, doença por saúde, solidão por amizade, confusão por clareza, e medo de algo, inclusive suas antigas ideias sobre a morte, por confiança.

O que acontece quando você morre

Em primeiro lugar, você não vai morrer. E isso é tudo o que você realmente tem de saber sobre a morte, e é a primeira coisa que os "mortos" querem lhe dizer. Muitos deles acharam difícil acreditar de início, contemplando, pasmos, seus próprios funerais, demorando-se em torno de seus velhos chãos pisados, atônitos e perplexos enquanto gesticulavam e gritavam para seus amigos deixados para trás.

É claro que há uma desconexão abrupta quando deixamos para trás todas as coisas que aprendemos neste tempo e espaço. A natureza dessa transição depende inteiramente das crenças e dos pensamentos dos queridos falecidos, porque esses valores são trazidos aos seus novos ambientes. Mesmo durante esse processo, pensamentos tornam-se coisas, só que agora as mudanças são maiores e mais rápidas, pois se adequam ao ritmo dos recém-chegados; acontecem em um piscar de olhos.

Harpas, anjos, Jesus, Maomé, Buda, Krishna, santos e muitas outras divindades, todos possuem fragmentos de energia, prontos para serem transmitidos para aqueles que estão chegando. Eles receberão as boas-vindas, serão repreendidos, louvados ou celebrados, *da maneira que imaginavam e acreditavam antes de falecer*. Enfeites elaborados serão colocados em arranjos nas nuvens, os portões do céu serão preparados, os jardins do Éden estarão prontos, covas flamejantes estarão iluminadas – tudo o que você puder imaginar. Lembre-se: essas entidades podem estar em diversos lugares, em qualquer tempo, dentro de nossas ilusões e no pós-vida. Portanto, comitês de boas-vindas não são raros, e eles podem incluir, quando apropriado, um grupo de entes queridos falecidos e pessoas cujas vidas foram afetadas pela vida e escolhas do recém-falecido. Todos eles assumem a forma física e a idade que mais lhes agradavam para dar boas-vindas aos recém-chegados e assegurá-los de que eles, de fato, sobreviveram e chegaram a um lugar maravilhoso.

Tempo não é um problema; a festa pode durar "semanas". Espaço também não preocupa; tudo parece existir apenas para você. Assim como na Terra, para alguns. A comunicação é feita principalmente por meio de uma súbita forma de telepatia, a qual você achará tão natural quanto o aperto de mãos nos dias de vida. A viagem termina quando você chega ao lugar que realmente escolheu. Amigos são encontrados sem dificuldade. O pensamento conecta tudo. Você também ficará surpreso ao perceber que também assumiu a forma física de sua vida que mais lhe agradava, e que todos os seus incômodos e dores desapareceram – e você aprenderá rapidamente que pode mudar mais ainda. "Ilimitado" tem um novo significado para o falecido.

Guias adoráveis logo aparecem, brilhantes, radiantes e alegres. Eles o orientam e respondem às suas perguntas. Eles o ensinam. Lembram você. Amam você. Mostram a você. Tudo se torna mais claro. Você se lembra das esperanças e dos objetivos de sua vida recente, e por que você as escolheu. Você revê na íntegra, lance a lance, tudo o que aconteceu. Você vê como as coisas se alinharam ou não, e por quê. Você se impressiona com seu poder, sabedoria e bondade; fica entristecido pelo que perdeu,

> **Tempo não é um problema: a festa pode durar "semanas".**

pelo que errou ou entendeu mal, embora consolado por saber que você pode tentar de novo, fazer correções e ir adiante com um amor ainda maior. Vidas passadas vêm à visão, junto com os amigos, amores e lições que as preencheram. Tudo começa a fazer sentido. Tudo se une como a mais admirável criação artística, uma obra-prima, que deixa sua mente perplexa com sua perfeição; e você ficará feliz em perceber que ainda está com o pincel na mão, para continuar a pintar.

Olá, Deus?

Pode haver em sua chegada um personagem representando "Deus", se você manifestou essa vontade por meio de suas crenças e expectativas. Todavia, depois que você começa a entender tudo mais claramente, essa necessidade desaparece, e você começa a contemplar a maravilha da existência e o milagre de sua simples presença, eventualmente percebendo que Deus é Tudo, sempre, por toda parte e de uma vez, não humano, mas "vivo" dentro de você; e nenhum símbolo, forma ou figura poderia almejar representá-lo.

Conforme seu senso de aceitação e reverência crescem, o mesmo acontece com sua confiança e alegria, e mais ansioso você fica para iniciar novas aventuras com aqueles que você ama e que amam você. Opções lhe são oferecidas e analisadas. Você pode optar por permanecer quanto tempo quiser nesse novo e dócil mundo de ilusões, mas você acaba percebendo que está ali apenas por causa de sua vivência anterior, daquela selva de tempo e espaço na qual estivera até então, e que você tem muito mais a aprender. Essa versão mais leve e doce das selvas em que você já esteve serve apenas para se refrescar, limpar e reagrupar. Basicamente, todas essas experiências dentro dessas novas ilusões, aliadas àquelas na Terra, fundem-se e te levam onde você sempre quis chegar. Ou melhor: *onde Deus sempre quis chegar sendo você*. E é nesse momento que surgem os novos caminhos, que ficam além das ilusões. E como são? Não sabemos...

Mas a mensagem principal, ao menos por enquanto, é que seus caros amados que já fizeram a transição não morreram. Em vez disso, estão descansando, reabilitando-se e "sonhando" em um "lugar" fantástico. Eles estão agora entre amigos e guias, e, se você permitir, eles estarão em sua grande celebração de volta ao lar, rindo, chorando de alegria, brincando com você. Exatamente como estão fazendo neste instante, invisíveis, atrás de você... fazendo chifres com os dedos sobre sua cabeça.

DE UM CARO FALECIDO

Caro Kirsten,

Sei que isso pode chocá-lo, e você sabe que eu não gosto de manchetes sensacionalistas, mas "o que dizem sobre minha morte não é verdade". Estou tão "vivo" agora como estava no dia em que nos encontramos. Talvez... até mais.

Não acho que estou no paraíso, ainda não sei se consegui me qualificar para isso, mas não posso reclamar. Este céu é muito melhor do que aquele que eu imaginava; mas não há portões divinos, nem encontros com Deus, e nenhum tempo para descansar!

Cheguei aqui e me situei rapidamente, porém bateu logo uma nostalgia pela Terra. Aqui podemos conversar com animais, o azul é mais azul, os doces mais saborosos, mas, mesmo assim, sinto falta da Terra. Ela tem algo... diferente. Uma qualidade fugaz, que somente é possível em razão da aparente natureza absoluta do tempo, espaço e matéria. Uma flor na Terra parece muito mais delicada e preciosa do que uma flor aqui.

Não há dúvida de que aqui me sinto em um "lar", muito mais do que me senti em qualquer outro lugar onde eu já tenha estado – aqui é meu lar, seu, e de todo mundo –, mas a Terra leva a leveza de ser a alturas inimagináveis. Aqui, o amor é palpável, o conforto abundante, a identidade de alguém é inquestionável, a perfeição é penetrante, e tudo parece como deveria ser. Na Terra, você sente as coisas dessa forma em alguns raros momentos espalhados durante a sua vida toda.

Mas, apesar de tudo isso, sei que aqui não é meu lar. Na verdade, não posso afirmar que me lembro de um lar ou que eu sei "onde" este fica. Aqui, parece que estou de férias da intensidade da Terra. Nós nos movemos na velocidade do pensamento. É incrível. Eu tenho amigos, lugares para ir, coisas para fazer, até um carro que, às vezes, lavo por amor aos velhos tempos. Honestamente, porém, devo dizer que é um pouco chato. Eu tenho ataques de ansiedade, pois não vejo a hora de voltar ao agito, à criação da realidade. Eles me mostram que, retornando ao tempo e espaço, aprendendo mais, ficando mais sábio, estarei eventualmente preparado para mudanças ainda maiores, ainda mais próximo de um verdadeiro lar, mais do que estou agora.

É claro, na Terra há medo. Não há medo aqui! E na Terra há aquele constante senso de perigo, pois vivemos por nossos sentidos físicos. Há insegurança, timidez, dúvida e acessos de aversão por si mesmo. E aquela psicose de se preocupar com o que os outros podem estar pensando de você. A Terra é como uma escola exótica de aventura e aprendizado, repleta de desejos e desilusões, abundância e carência, festa e fome. A lista de extremos, como você bem sabe, é infinita. Mas é exatamente isso! As dicotomias do tempo e espaço tornam cada decisão essencial, como se você fosse um tudo ou nada! Ter ou não ter! Aqui ou ali! Agora ou depois! E essa constante reflexão sobre o "ou" é que desencadeia ondas de emoção que nos tomam por completo. Essas ondas não existem aqui!

Para resumir, uma das primeiras coisas que você percebe aqui é o quão seguro você sempre esteve na Terra, o quão guiado e protegido você era, quanto no comando de sua própria experiência você estava, como você realmente podia fazer qualquer coisa com que sonhava, apesar das aparências lhe mostrarem o contrário. Não é à toa que todos aqui querem voltar. Não que estejamos infelizes, veja bem – Opa, já é meio-dia e meia na Lua, quase me esqueci... Planador solar, esse é meu novo hobby! Querido, me desculpe, mas tenho de caçar clarões e depois estudar meu próximo...

Seu até o fim dos tempos (que, na verdade, não está tão longe),
Johnny

Não se preocupe, seja feliz

Se você soubesse, realmente soubesse, que seus entes queridos estão logo ali, e que você os verá muito em breve, isso não mudaria *tudo*? Então, deixe estar. Descanse tranquilo, e tenha a certeza de que no amor do Universo, eles estão vivos e bem, e – por incrível que pareça – muito ocupados. Mas eles não deixaram de torcer por você.

Eles vão preparar-lhe um imenso banquete de boas-vindas, mas, por enquanto, há uma celebração muito maior ao seu alcance: sua vida. E até chegar a sua hora, lembre-se apenas de que não há nada a temer na morte, nem mesmo um diabo no inferno, e é justamente isso que os mortos querem lhe dizer em seguida.

CAPÍTULO 2

O DIABO E O INFERNO NÃO EXISTEM

Não há mentira maior do que aquela história de que há um diabo à espera dos pecadores no inferno. Embora essa mentira possa ter evitado alguns pequenos pecados, teve um impacto negativo muito maior, por ter possibilitado a manipulação em massa, deixando muitas pessoas confusas, infelizes e repletas de remorso, culpa e medo.

É claro que muitos pecadores devem ter sentido uma alegria sem precedentes quando cruzaram a fronteira entre os mundos e, ao não encontrar nem o criador nem o grande diabo vermelho, perceberem que tudo era uma grande mentira. Devem ter ficado exultantes ao descobrir que não apenas eles são imortais, como foram aprovados, apreciados, perdoados e adorados, exatamente como eram. *Se ao menos*, refletem interiormente, *eu soubesse disso enquanto vivia... as coisas poderiam ter sido diferentes.*

Afortunadamente, eles percebem que ainda têm toda a eternidade, que as felizes oportunidades vão continuar a existir, e, talvez, apenas talvez, eles possam usar o que descobriram e compartilhar com aqueles que ainda estão vivos.

O início da diversão

Em primeiro lugar, devemos saber que é a dicotomia das ilusões, novamente, que parece tornar todo *mundo* errado. Pensamos sempre que, se há um "para cima", deve haver um "para baixo"; se há negro, há branco; se há "antes", tem de haver "depois". E para você, que vive dentro das ilusões, essa forma de pensar está correta. Só que as ilusões do tempo, espaço e matéria *são ilusões*. Sem saber, você vive sua vida dentro de uma "casa de fumaça e espelhos", enquanto tenta explicar o mundo exterior. É natural que, dada sua posição de desvantagem – agravada pelo fato de você não saber que está em desvantagem –, você acredita que, se há um Deus, *deve* haver o oposto: um diabo. Entretanto, as coisas não são como parecem.

O que a maioria não pode ver é que, sem as ilusões, não há tempo, nem espaço nem matéria e, portanto, não há dicotomias.

Ou seja, não há aqui ou lá. Nem antes ou depois. Nenhum querer o que você não tem ou ter o que você não quer. Essencialmente, nenhum lugar para ir, ninguém para ir junto, nada para fazer, nada para vestir. Nenhuma aventura. Nenhum divertimento. *É para isso que servem as ilusões!*

O preço da diversão e da aventura, que apenas são possíveis por causa das ilusões, é justamente acreditar no velho e conhecido esquema das dicotomias (o aqui *versus* lá etc.). Mas, uma vez que você entra no jogo, fica difícil saber estabelecer os limites, e o conceito começa a ser aplicado em situações nas quais ele não seria necessário. Por exemplo, acreditar no diabo e no inferno e ficar aterrorizado.

Yin e Yang

Existem opostos dentro das ilusões, o que implica algo realmente profundo, mas também óbvio, e que ninguém percebe: *os opostos são teóricos!*

Embora as dicotomias do tempo e espaço tornem os opostos possíveis, a verdade é que eles não necessariamente precisam existir. Eles permanecem como potenciais até o momento em que você os cria. Para a maioria, contudo, está assumido que, para ter um, você deve também ter o outro. Por exemplo, para ser feliz, você deve conhecer a tristeza; para ter luz, a escuridão deve existir em algum lugar; para sentir frio, você deve conhecer o calor. Todo "para cima" significa que há um "para baixo" e vice-versa. Mas a verdade não é essa. Embora as dicotomias criem objetividade, com extremos teóricos, é ingênuo pensar que, conhecendo, alcançando ou de qualquer forma experimentando um extremo, você precisa conhecer, alcançar ou experimentar o outro extremo. Lembre-se, de qualquer forma, tudo isso é ilusão.

Existem, inclusive, ascetas que evitam alegria e felicidade, pensando que esses sentimentos podem eventualmente precipitar a depressão e a tristeza. Mas eles ignoram o fato de que o amor é a cola que une toda a criação – e não amor e ódio, em medidas iguais. Que a vida é boa, e não boa e ruim em equilíbrio. Eles vão contra o fato de que você é o Divino pelo Divino e inclinado a triunfar, não inclinado a triunfar e fracassar igualmente.

Sentir frio não significa que mais tarde você tem de sentir calor em igual medida. Tampouco viver no hemisfério norte significa que você deve, um dia, inevitavelmente, viver no hemisfério sul. Nem viver uma vida dedicada a ajudar o próximo significa que o pêndulo deve balançar e que você precisa se transformar em um assassino em série. Não é preciso sofrer para conhecer a alegria, nem temer que a felicidade vai, mais tarde, demandar tristeza. Por fim, acreditar em Deus não significa que deve haver um diabo nem uma crença no céu significa que deve haver um inferno.

Tudo é bom

Tudo isso prova a bondade pura da vida. Sim, o "bom" faz parte de uma dicotomia ilusória. É bem mais correto dizer que a vida é boa do que dizer que ela é boa e má. *E isso é incrível: ela cria esperança, fornece tração, instaura otimismo e estimula cooperação.* Também é mais correto dizer que Deus é bom do que dizer que Deus é bom e mau. Na verdade, é como se tudo o que você sempre ouviu sobre o bem em sua vida, em Deus e em você mesmo, seja correto; e, em contrapartida, todo o mau não o seja. O que nos leva a concluir que sim, há um "céu" – e ele é simplesmente a sua percepção continua para o além-túmulo –, mas não há um inferno.

Sim, isso tudo pode parecer uma teoria sem base nenhuma, dita por uma pessoa qualquer, mas, de fato, há prova de sua absoluta verdade *por toda a parte*. Você *"é"* a prova, e eu também *"sou"!* A vida começou, sabe-se lá como, e continuou. Contra todas as lógicas e probabilidades, e apesar da humanidade, ela não se esgotou, implodiu ou se autodestruiu! Pelo contrário, ela continua a se expandir, a melhorar e a acontecer!

Costuma-se acreditar que o mal existe *por si próprio*, por sua própria volição, e que de alguma forma nós apenas tivemos sorte, pois o "bem" continua vencendo. Mas se o mal existisse por si próprio, você não acha que ele aprenderia a triunfar, ao menos parcialmente? Que ele se organizaria cada vez melhor e se tornaria ainda pior? Mas isso nunca ocorreu na natureza: a destruição simplesmente pelo amor à destruição, certo?

Se o mal existisse como uma força própria e autônoma, e se tornasse cada vez pior, o que aconteceria depois que ele triunfasse e acabasse de vez com toda a bondade? Ele iria se autodestruir? Você percebe que se o mal existisse *por si próprio*, de algum modo, pequeno ou grande, ele eventualmente acabaria com ele mesmo? Ele não pode prosseguir sem apoio; e não há nada para apoiá-lo. Há apenas vida. E ela é toda boa. Ela é toda Deus. Essas palavras são sinônimos absolutos, que continuam a prosperar diante dos olhos daqueles que querem ver as coisas como elas de fato são:

Vida = Bondade = Amor = Um = Deus

Embora as pessoas possam fazer coisas más, isso não quer dizer que elas sejam de natureza má. Sei que isso *não* parece verdade no mundo atual, mas nós sabemos pouco sobre o que os mortos querem nos dizer, e é certo que eles vão nos ajudar a compreender o mal e as coisas más que as pessoas fazem.

O velho argumento

"Mas e se Deus era tão amável e sábio, grande e corajoso, que deu aos Seus filhos o maior dom concebível: a *liberdade* de fazer suas próprias escolhas para distinguir o certo do errado?"

Sim! Ótimo! E, com esse dom, todos podem viver para todo o sempre, crescendo, aprendendo, transformando e melhorando... Certo? Não. Infelizmente não é assim que as coisas acontecem. Em vez disso, depois de um curto período, tido pela maioria como um ciclo de vida humano, não importa quem seus pais eram ou não eram, não importa onde você nasceu, quando você nasceu, e não importa o quão curta sua vida foi; quando ela termina, você imagina que toda a liberdade foi oferecida como um teste, e que logo depois você será julgado e sentenciado.

Espere, se Deus realmente era tão amável e foi realmente tão magnânimo em dar o dom da liberdade a todos, por que nos julgar e sentenciar? Seria o fim da oferta? O quão grande é a liberdade de uma pessoa se, por exemplo, durante uma vida dura na Terra – nascido durante uma fome geral, abandonado, sexualmente abusado – ela, com motivos de sobra, passou o resto da vida fervendo de ódio e fazendo coisas maldosas, antes de ser assassinada aos 32 anos de idade? Ela seria então julgada e mandada para o inferno por toda a *eternidade*? Ou se, depois de uma vida deliciosa na Terra, com pais adoráveis em uma sociedade moderna, outra pessoa trapaceasse seu imposto de renda e mentisse para ter seu filho em Harvard, tirando esse lugar de uma criança honesta com pais honestos? Fogo ardendo para sempre? Ou se outro alguém fosse o primeiro na história dos povos a nunca cometer um engano ou fazer algo cruel para os outros, contudo não aceitou nenhum profeta como seu salvador e rejeitou todas as religiões? Punição e fogo eterno novamente?

Parece pouco razoável, contraditório e arbitrário dar às pessoas liberdade para aprender e, então, não apenas subitamente negá-la, mas cobrar um severo castigo *sem fim* por seu uso. E se, hipoteticamente, as pessoas precisassem de várias vidas para aprimorar e gozar de um perfeito senso de honestidade e justiça? Seria complicado, não?

E se a alma número 19.428.939.045 falhou nos primeiros dezenove ciclos de vida e, se não fosse por sua punição eterna, no vigésimo ciclo, sua bondade acertaria em cheio e, com profunda benevolência e bondade, teria alterado permanentemente o curso da evolução humana, conduzindo o planeta a uma idade de ouro com carinho e bondade inconcebíveis no plano presente? Mas digamos que esse ciclo perfeito demorasse *dezenove milhões* de ciclos antes de aparecer. Mesmo que demorasse tanto assim, a benção eterna ainda seria bem-vinda. Subitamente, dezenove milhões de ciclos parece um tempo curto se levarmos em conta os imensuráveis retornos. Poderia ser até mais tempo. Bilhões, trilhões ou zilhões de ciclos, *dado o inconcebível escopo da eternidade.*

A bela ideia de que Deus ama a humanidade tão profundamente a ponto de nos dar liberdade cai por terra quando descobrimos que ela é posteriormente tomada de volta, impedindo, assim, que algo incrível aconteça justamente quando precisamos dessa liberdade e ela já não nos pertence.

E nós ainda não fizemos a maior pergunta, que, em uma fração de segundo, pode derrubar toda a ideia de inferno e diabo:

"Por quê?!"

Por que uma inteligência tão superior perderia seu tempo colocando seus "filhos" na Terra, para depois testá-los, julgá-los e sentenciá-los? Parece uma demonstração de imaturidade, aborrecimento, impaciência, raiva, desprezo, sadismo e deficiência de quem, milhares de anos atrás, em tempos muito sombrios na história humana, resolveu elaborar esse plano. Vamos tentar utilizar esse raciocínio lógico para explicar a vida. Você consegue imaginar um único ponto sequer que possa ser conectado com plena confiança? *Uma razão* pela qual a inteligência divina se moveria em tal direção, em vez de seguir por nossa teoria de que todo mundo *é de* Deus, fazendo seu melhor, aprendendo, crescendo e melhorando, para sempre, em um mundo de ilusões, do qual todos retornam incólumes, mas tendo vivenciado uma bela aventura e acrescentando a vivência à experiência de Deus?

Não é aceitável que Deus – aquele que começou tudo, que sabia como pendurar cada estrela no céu e transformar energia em matéria – não fosse sábio o bastante para reabilitar todos que precisassem. Grande o suficiente para perdoar espontaneamente. Amoroso o bastante para dispensar testes, julgamentos e sentenças. Corajoso o suficiente para aceitar plena responsabilidade por toda a criação. E grande o bastante para assegurar um triunfo imaculado. De fato, o sistema atual funciona de tal forma que se alcança tudo isso. E muito mais: pode-se reabilitar, perdoar e amar automaticamente, fornecendo de maneira perfeita as doses certas de tudo que é necessário, no tempo certo. O problema é que as mentes inquietas ainda não haviam chegado a essa conclusão.

Ou melhor, preferiram acreditar nas conclusões tiradas por outras pessoas.

Verdade como castigo

Agora, imagine, por exemplo, que você telefonou para seus amigos em busca de alguém para ir com você a um show muito especial, que aconteceria em um mês, mas todos deram desculpas, esquivaram-se e se demonstraram indisponíveis. Então, imagine-se ficando amargo e ressentido, a raiva crescendo, tornando-se irritável, tratando-os mal em resposta – e, por fim, descobrindo que a razão da indisponibilidade deles era sua festa-surpresa de aniversário, planejada justamente para aquele fim de semana. Ai!

Imagine... sentir uma crescente frustração com um colega de trabalho de que você gosta, mas que se envolveu em brigas políticas de escritório; e depois descobrir que a discórdia aflorou quando seu colega começou a defendê-lo de observações maldosas sobre você feitas por outros. *Droga!*

Imagine... seu carro sendo seguido por outro. Um provável lunático que chegou a atravessar um sinal vermelho para se aproximar de seu veículo. Você desvia, acelera, foge, xinga e fica com medo, para depois perceber que já percorreu muitos quilômetros, lado a lado com ele sem nada acontecer. E, depois de alguns gestos amigáveis vindos do motorista (que já nem é tão lunático), você desce sua janela e descobre que a única razão da perseguição era lhe avisar que você esqueceu sua maleta no teto de seu carro. *Que chato!*

Imagine... escolher dedicar parte de sua vida para ser o guia, a luz e o mentor de alguém que você ama profundamente e que tem muito menos experiência de vida do que você. Contudo, em determinado momento, esquecendo de sua meta original, você passa a analisar a pessoa e começa a notar seus defeitos. Você percebe que ela é confusa, lenta e emocionalmente indisponível... você conclui que ela não serve para ser sua amiga, que você merece algo melhor! Então, em vez de guiar, iluminar e orientar, você julga, diminui e critica, perdendo definitivamente contato com essa pessoa e desperdiçando a oportunidade que você mesmo contemplou de ajudar alguém que você amava profundamente. *"Sinto muito, muito!"*

Imagine... viver em um mundo de amor, onde o sol brilha diariamente, animais por todas as partes brincam alegres, e cada homem, mulher e criança é motivado por bondade, amor e solicitude. Onde a oportunidade nunca para de bater à porta; você está sempre no lugar certo, no momento certo; e todo mundo faz o seu melhor em tudo o que faz. Onde seus pensamentos se tornam realidade, seus sonhos lhe dão asas, e todos são destinados à grandeza, a cada dia de sua vida. Contudo, apesar disso, em um passado longínquo na história desse mundo, as pessoas, inclusive você, não notavam nada disso. Vocês estavam preocupados com os dramas do próprio círculo familiar, de amizades, de inimigos, que lhe levavam a focar no que era errado, no que não funcionava e em coisas que você não tinha. Que mundo lhe afirma, apesar das evidências mostrarem o contrário, que Deus é irado, que as pessoas são más e que a vida é injusta; que o sucesso é uma questão de quem você conhece e não do que você sabe? Sim, a Terra hoje. *"Vamos tentar de novo?"*

Toda experiência de vida fica para sempre dentro de você, não trancada em seu cérebro, mas além de seu corpo físico, como parte da própria essência de quem você é. E elas serão apresentadas todas novamente em uma revisão final da vida, depois da festa de volta ao lar, depois de sua transição. Tudo.

Você é conduzido de maneira amorosa por essa revisão e compreende não apenas as motivações e razões que guiaram suas escolhas, mas também as consequências que tais escolhas tiveram para os outros. Você celebra seus triunfos e sua perseverança,

> Há muito o que aprender na eternidade. Somente devemos sofrer o necessário para aprender a lição.

especialmente quando eles ajudaram outros. E, obviamente, você sofre, mais uma vez, por meio de sua confusão e mal-entendidos, especialmente quando eles prejudicaram outros. Isso é o mais próximo do inferno que você chegará; mas não há nenhuma punição real, nem há um diabo envolvido. O único julgamento vem de você mesmo, o mais rigoroso juiz de todos, como você sabe muito bem. Você, então, aprende e aproxima-se da verdade sobre todas as coisas; fica mais sábio, mais amoroso e maior do que já foi, disposto para a grandeza mais uma vez.

Há muito o que aprender na eternidade, e as pessoas saram demasiado rápido. Não devemos perder tempo olhando para trás com remorso; somente devemos sofrer o necessário para aprender a lição. Deixe sua culpa ensiná-lo, não puni-lo. E deixe a culpa dos outros fazer o mesmo por eles, não importa o quão graves sejam seus mal-entendidos.

E quanto às "vítimas"?

Mas e as coisas sérias? E a criança que é assassinada ou a adolescente que é estuprada? O pai morto defendendo sua família? Estamos agora culpando a vítima de toda tragédia?

Infelizmente as respostas não podem ser acomodadas em uma pequena fórmula simplificadora, que daria a todos clareza e confiança e os encheria de amor. Mas isso não significa que respostas específicas e significativas não existam para *casos isolados*. Para alcançar tais respostas, contudo, você precisa de uma visão da realidade e da vida muito mais ampla, incluindo sua consciência da natureza divina e eterna, e das motivações por trás de suas escolhas no processo de encarnação. Antes de cobrirmos os outros assuntos que os mortos querem lhe dizer neste livro, pense, por enquanto, nas seguintes perguntas que já foram respondidas:

1. Não deduzimos, sob outros aspectos, que todos somos deuses? De Deus, por Deus, puro Deus? Criadores estudantes? Com a eternidade diante de nós?

2. Não vimos que a vida dentro das "selvas" é ilusória? Que ela é meramente uma dimensão que serve para vivermos as lições e aventuras de um ciclo?

3. É possível que algo que aconteça *nas ilusões* deprecie sua fonte? Caretas de monstro em frente ao espelho fazem de você um monstro? Uma miragem pode afetar um deserto?

4. Já não aceitamos intuitivamente que *toda* nuvem escura tem ao menos um facho de luz? E que, quando não vemos este facho, talvez seja porque temos muito a aprender, e não porque ele não está lá?

Essas respostas nos oferecem descobertas, mas nenhuma delas justifica ou corrige as violações hediondas e, frequentemente, repulsivas que ocorrem no tempo e espaço; elas apenas nos dão um contexto maior para sua consideração. Vamos tratar novamente deste delicado tópico mais adiante. A intenção, por ora, é ajudá-lo a começar a ver mais do que seus olhos veem .

Câncer cura

O câncer, por exemplo, devasta o corpo físico. Contudo, em vez de explorá-lo em detalhes, como se usássemos um microscópio, vamos recuar e analisá-lo como uma *experiência* que dura meses ou anos; vemos que em muitos casos ele leva sua "vítima" a descobrir seu próprio poder, apreciar a vida ou reconciliar relações danificadas. Subitamente, o câncer pode ser visto sob uma luz diferente – ele pode ser uma jornada, que busca *curar* o corpo, a mente e o espírito de alguém. E, diante dessa perspectiva mudada, a dádiva, que era invisível sob um microscópio, é revelada.

E, embora haja no mundo situações tão horríveis que nem sequer merecem ser descritas, podemos, não obstante, discernir que em algum nível maior *há* razões para que elas ocorram. Elas fazem parte de um processo com começo, meio e fim; e há ordem nos acontecimentos. E assim, por mais invisível ou impossível que seja imaginar naquele momento ou mesmo naquela vida, deve haver também cura e amor. Qual seria a explicação senão essa? Que a inteligência divina cometeu um engano? Que foi puro acaso? Que essas coisas sem sentido simplesmente acontecem neste planeta cheio de ordem, equilíbrio e perfeição?

Nada justifica o hediondo no tempo e espaço. Mas o simples fato de sabermos que existem razões e ordens, embora eles não sejam conhecidos, ajuda-nos a entender o que acontece, vivendo no presente e dando forma ao futuro, evitando assim que fiquemos estagnados no passado. E, sob essa ótica, e *apenas dessa perspectiva*, coisas ruins não acontecem simplesmente no tempo e espaço. Tudo acrescenta e torna o todo maior.

E quanto ao carma?

O que *você* acha que "carma" significa? Assim como a palavra "Deus", ela é ouvida com frequência.

Essencialmente, entende-se carma por uma lei *absoluta*, um placar ou livro de profecias – mas isso não existe. Se existisse, iria interferir no único princípio que governa todas as manifestações: "Pensamentos tornam-se coisas". Se o carma fosse absoluto e você mentisse, por exemplo, você teria de receber as mentiras de volta... Bem, e como você poderia receber as mentiras a menos que criasse circunstâncias para que isso acontecesse? E se, após a *sua* mentira, você rapidamente compreendesse que mentir é tolice e, de imediato, começasse a viver em um "nível mais elevado", pensando e agindo com paz, alegria e honestidade? Perceba que, de acordo com o carma, você ainda precisaria receber as mentiras de volta, o que vai contra a lógica do PTC. Isso não acontece – *ninguém é limitado pelo carma*. Mude seus pensamentos e você pode se libertar de qualquer ciclo como esse.

Com certeza, dado que as visões e os valores de mundo das pessoas mudam muito devagar – raramente vemos um mentiroso virando santo –, é fácil ter a *impressão* de que elas vivem em um mundo de justiça imediata, onde seu comportamento passado parece determinar o que vai acontecer no futuro. É por esse motivo que o clichê "Quem semeia ventos colhe tempestades" costuma ser certeiro, e que o carma parece estar, de fato, presente em nossa vida; mas ele é, na verdade, mais um fenômeno do que uma lei.

Para aqueles que, compreensivelmente, anseiam para que um dia seus atormentadores recebam o castigo que merecem por suas maldades, não se preocupem. A mecânica natural da evolução espiritual é grande e perfeita, e o desejo do divino de não deixar nada inacabado faz que ninguém possa, de verdade, conhecer seu poder sem experimentá-lo *plenamente*, vivenciando as perspectivas de todas as pessoas que ele já afetou, inclusive suas "vítimas". O aprendizado

Ninguém é limitado pelo carma.

pleno é um componente desejado em todo ciclo de encarnação,

portanto, esses atormentadores vão eventualmente conhecer sua dor, de forma cruel e dura, assim como você – seja pelo "carma" ou no momento em que descobrir a verdade por meio da real compreensão e reflexão.

Pertencendo ao espírito

A religião precisa de espiritualidade.

A espiritualidade não precisa de religião.

A religião é feita pelo homem, é baseada no tempo e na ilusão, e prioriza as exclusividades. Suas origens foram obviamente nobres e de boa intenção, assim como a relação Deus/Homem. Ela era uma tentativa de explicar o difícil-de-explicar, pregando que há mais na vida do que os sentidos físicos podem perceber e mais na ciência do que qualquer instrumento pode mensurar. Contudo, a religião evoluiu e, com o passar do tempo, chegou a conclusões cada vez mais amplas e tangenciais, geralmente defendidas por indivíduos que queriam mostrar como estavam mais perto de Deus do que todos os outros. Em outras palavras, eles queriam conectar mais pontos do que os outros. E as pessoas, ameaçadas, humilhadas e assoberbadas pela sobrevivência, cederam ao seu poder.

Eventualmente, a religião começou a criar pontos que, na verdade, não existiam. E a partir da conexão desses pontos, os homens modelaram leis, regras, rituais, hierarquias, penalidades, direitos e privilégios, tudo para aqueles que acreditavam (e não eram "maus"), excluindo os que não acreditavam (mesmo que eles fossem "bons"). Ou você pertencia ao grupo ou não. Ou você seria salvo ou não. E quase tudo o que fosse feito em nome da religião seria aceito, incluindo mentir, morrer e matar.

A espiritualidade, por outro lado, funciona mais como um reconhecimento do que como uma explicação. "Acreditamos em Deus" é a máxima, e conecta-se intencionalmente ao menor número possível de pontos. Tempo e ilusões não são necessários para ela. Ela é inclusiva.

> Não há como voltar para casa sem passar pelo caminho em que você veio.

Além disso, ela costuma colocar Deus dentro da "humanidade" (e todas as coisas que importam) em vez de separá-Lo dela.

Todos que *pertencem ao espírito* têm a capacidade de compreender a tolice de seus atos e a dor desnecessária que infligem sobre os outros; fazer isso é uma parte inevitável de sua passagem pelas selvas. Talvez essa experiência não seja tão rápida – para infelicidade daqueles que mais sofreram –, e, talvez, nem mesmo ocorra dentro do mesmo ciclo de vida; mas não há como escapar de sua própria inteligência divina, poder e responsabilidade; não há como voltar para casa sem passar pelo caminho em que você veio.

E todos os que *pertencem ao espírito*, ao amor, a Deus têm a habilidade de saber, do fundo do coração, que não existe, definitivamente, um diabo ou um inferno.

DE UM QUERIDO FALECIDO

Querida mamãe,

Sinto muito. Sinto tanto. Eu não pensava em ninguém a não ser em mim mesmo. Eu queria demonstrar atitude, ser um homem e mostrar ao mundo que eles estavam mexendo com a pessoa errada. Eu também queria ferir você e todo mundo que se preocupava comigo, porque eu sentia que era sua atenção e amor que me tornavam covarde e fraco. Eu a culpava, sem saber o que sei agora.

Pensava que depois de puxar o gatilho, depois do disparo, viria o silêncio, a escuridão e, finalmente, a paz. Em vez disso, de início, houve um caos total. Sons altos, zumbidos, barulhos de máquinas, e, então, uma luz intensa, um silvo, tudo se movendo, voando. Finalmente, minha visão borrada e minha mente confusa acalmaram-se de maneira gradual e, aos poucos, apareceram rostos afetuosos e acolhedores, vozes suaves. Pensei que estava sonhando ou que estava alterado de alguma forma. Senti tanto amor que me lembrei de você. Foi lindo. Senti muita alegria. Eu não sabia sequer que havia morrido. Na verdade, pensei: "Oh, meu Deus, como estou feliz por ter escapado". Mas eu não havia escapado.

Em um pequeno instante, compreendi muitas coisas. Coisas para as quais não há palavras. Descobri que tudo fazia sentido. Era tão óbvio, perfeito e preciso! Soube por que havia escolhido ser eu, como todos nós concordamos em ser a família que éramos. Vi nossas conexões prévias, as forças e os atributos que escolhemos e, sobretudo, como todos nós sabíamos das consequências de nossas escolhas em nosso futuro; pude ver que todos nós sabíamos as direções nas quais poderíamos ir, individualmente e como uma família; as oportunidades que poderíamos criar, os desafios e as alegrias com os quais poderíamos deparar. Nada era predeterminado.

Não há destino em nossa vida, mas todos nós temos a capacidade de antever os resultados prováveis... resultados no sentido de quais sentimentos e emoções iríamos por fim sentir – como felicidade, tristeza, paz, resistência, criatividade, reflexão e muitos outros –, mas não como chegaríamos lá ou o que aconteceria. Esse era o mistério. O "como". Pela primeira vez em minha "vida" (sim, ainda estou vivo), "compreendo" o infinito. Vi como toda decisão que tomamos cria consequências e possibilidades que trarão com elas encruzilhadas imprevistas no caminho, e mais decisões, e mais consequências e possibilidades.

Depois me mostraram como eu poderia ter lidado com a dor e o isolamento de minha vida. Perspectivas que eu poderia ter mantido, ideias que poderia ter tido, decisões que poderia ter tomado, passos que poderia ter dado. Vi como meus desafios complementavam seus desafios e como ajudamos um ao outro mais do que pensávamos. Mamãe, por favor, perdoe-se a si mesma, eu imploro. Foi minha vida e minha decisão.

Fere-me mais do que o revólver ver como você tem sofrido e ver as oportunidades que foram cuidadosamente criadas e que deixei escapar entre meus dedos quando vivia na Terra. Nunca imaginei que estive tão perto, que tudo poderia melhorar rapidamente, e que havia muita "mágica" por acontecer. Achei que nada importava. Achei que eu não importava e não sabia o quão profundamente minha decisão iria machucar tanta gente. Eu estava tão errado!

Como eu gostaria de desfazer o que fiz... Contudo, tudo o que sinto aqui me serve de consolo, e chego a ficar empolgado quando começo a planejar meu retorno. Vou ter outra oportunidade, e outra depois. Nós temos tantas quanto precisamos ou queremos.

Foi-me mostrado também que você, mamãe, deve passar pelo que está passando, e que a escolha de sofrer é sua, e apenas vai terminar quando você decidir. Essa encruzilhada na estrada de sua vida é uma dádiva, que sempre soubemos que poderia se apresentar, caso eu tomasse a decisão que tomei. Você sabia que não seria fácil, mas também sabia, com toda a certeza, que buscando em seu interior, poderia ver as coisas tão claramente como as estou descrevendo agora. Você sabia – todos nós sabíamos – que eu poderia ter feito tal escolha. E todos nós concordamos que a dor valeria a pena; resolvemos arriscar, para passar esse tempo juntos aí.

Por causa de seu grande amor por mim, fui capaz de tomar as decisões que tomei – inclusive minha última – e aprender tudo que aprendi. Não há palavras suficientes para agradecer todo o amor que investiu em mim; tudo para meu próprio crescimento e glória. Mas você não tem mais de se preocupar comigo. Estou ótimo. Fui recebido com amor e carinho aqui "em casa". Sou adorado. Todos nós somos. Você é. Tudo que você e eu compartilhamos vive comigo em meu coração.

Mamãe, nós ainda temos a eternidade. E mais aventuras nos aguardam. Nem mesmo eu, daqui, posso imaginar o que vem por aí.

Respire. Descanse. Sonhe. Você fez muito bem a sua parte. É hora de ser feliz novamente.

Eu a amo tanto!

Seu orgulhoso filho.

Está funcionando

Você não está vivo para ser testado, julgado e sentenciado. Você está vivo para viver e aprender, em intermináveis ciclos de amor. Tudo contribui para essas metas maiores, e toda decisão que você toma enquanto vivo serve de material de estudo para seu crescimento e glória – tudo depende de quando e como você vivencia sua passagem, e é sobre isso que os mortos querem falar em seguida.

CAPÍTULO 3

ESTÁVAMOS PRONTOS

Quando uma lagarta desperta como uma borboleta, ou quando um jovem pardal finalmente salta de seu ninho, ou ainda quando o bebê dá seu primeiro respiro, três coisas acontecem:

1. Há alívio.

2. Há alegria.

3. Há expansão.

E é plenamente óbvio que, depois de ter passado por esses três estágios, e por um prolongado esforço físico, não haja volta, tampouco alguém interessado em voltar. E o mesmo acontece com a mais sublime das transições: passar do físico para o não físico, a condição chamada "morte". E, embora as muitas histórias que relatam experiências de "quase morte" sejam inteiramente verdadeiras, elas aconteceram com aventureiros vivos, que se viram em uma situação inusitada, com um expandido leque de opções, dentre as quais havia a alternativa do retorno *imediato* aos "vivos", *do mesmo jeito que eram*. Contudo, na maioria das vezes, essa oportunidade (que pode parecer acidental e estranha) somente surgiu porque eles estavam inequivocamente prontos para ir.

Neste capítulo, vamos estudar três temas que geram muitas dúvidas: "Por que 'você' está aqui", "Quando 'você' está pronto para ir" e a mecânica da mudança vista em detalhes – "Como seus pensamentos se tornam coisas". As três servem para reafirmar que os falecidos sabiam o que estavam fazendo e para assegurá-lo de que você sabe que agora *não* é a sua vez.

A escola da vida

A aventura da vida é toda ela uma escola. Quanto mais você aprende, mais diversão você tem; quanto mais diversão você tem, mais você aprende.

Uma vida na selva pode ser vista tanto como uma matéria eletiva quanto como um currículo obrigatório. Obrigatório apenas porque você agora está progredindo dentro de um processo que você mesmo escolheu anteriormente. Esse processo é constituído por um determinado número de encarnações, cada uma oferecendo diferentes experiências, geralmente mensuradas emocionalmente. São suas ilusões, ou a crença que temos nelas, que tornam as emoções possíveis. Todas as emoções nascem das ilusões, e são desconhecidas e desconhecíveis sem elas. Coloquemos em perspectiva. Deus, por exemplo, não saberia o que é sentir-se alegre ou triste, zangado ou louco, deprimido ou sozinho, chocado ou aborrecido, para nomear apenas algumas poucas emoções, se não fosse por você. Compreende? Você é de Deus; ou apenas um minúsculo fragmento de Suas grandes manifestações, que pode festejar, decidir o que gosta ou não gosta, aprender a se adaptar, mudar e se transformar. Nenhuma dessas descobertas ou experiências seria possível sem você e sua amnésia. O objetivo de nossa vida é, portanto, simplesmente existir, sendo que essa existência traduz-se em experimentar, por meio de sentimentos, suas escolhas. Quando você é uma alma jovem (inexperiente), essa existência pode ser incômoda e suas emoções podem frequentemente ferir e danificar, *até* você começar a se dar conta de que você é a fonte delas e, portanto, seu senhor.

O incômodo vivenciado no início de seu aprendizado foi previsto e considerado quando você fez a sua escolha; ele estava incluso no "pacote". Isso significa que está tudo bem, e que você está exatamente onde deveria estar, exatamente onde escolheu estar. Não há *nada* de errado com você. Esse desconforto não significa que "a vida é dura" ou que você se sentirá assim para sempre. Você *não* deve suportar as coisas

> Você *não* deve suportar as coisas que lhe incomodam; você deve mudá-las.

que lhe incomodam; você deve mudá-las. É por esse motivo que você as sente. Cada dor ou mal-estar é um convite para um despertar, que o motiva a procurar verdades maiores, que lhe revelarão uma realidade maior. E, dentro dela, um "você" mais magnífico, sempre mais próximo de uma consciência de seu verdadeiro lugar dentro da criação da realidade, vai surgir. É "você" como Criador.

Criacionismo *versus* evolução

Obviamente, se há uma inteligência no universo que cria e controla o próprio Sol, a Lua e as estrelas, estamos falando de Criacionismo. Vamos lá: se houve apenas evolução e o homem veio dos macacos, por que ainda existem macacos? Além disso, uma visão de mundo puramente evolucionária implicaria no fato de toda a vida ter vindo de uma ameba – margaridas, insetos, sapos, girafas e você! Mas não há absolutamente nenhum traço de esqueletos remanescentes que provem a evolução gradual de uma ameba para cada espécie conhecida hoje. Vestígios esqueléticos evolucionários mostram apenas *minúsculas* mutações de estrutura, não mutações completas como a de uma ameba para um elefante. E, para deixar as coisas mais complicadas, todas essas espécies evoluíram e conviveram juntas, situadas em cadeias alimentares dentro de ecossistemas que complementam e perpetuam a si mesmos! Que história fantástica! E, afinal, por que ainda existem amebas?

Mas é óbvio também que, ao olhar para vestígios de antepassados e esqueletos antigos espalhados pelo mundo, a evolução de cada espécie *também* existe como uma ferramenta para refino e melhoria. A criação veio primeiro, e a evolução em seguida, *mas ambas ainda estão presentes,* já que ilusões continuam sendo criadas, recriadas e projetadas no espaço. São como uma miragem no deserto; uma aparição ativa, em movimento, que depende do deserto, pois ele é sua fonte e o motivo de sua existência. A diferença é que em nossas selvas, as aparições dentro do tempo, espaço e matéria assumem propriedades e seguem leis físicas próprias, aumentando sua credibilidade, parecendo uma realidade independente de você mesmo (aumentando e facilitando a nossa crença).

Mais que isso, as pequenas estruturas (moléculas e células físicas), que constroem sua aparição, são mais do que simples névoa que remete a uma imagem; elas *são* de Deus, *puro* Deus. Faíscas da inteligência de Deus, ainda sem personalidade, mas dotadas de traços, características e atributos. É assim que surgem todos os objetos físicos. E cada organismo vivo, como uma formiga, uma árvore ou um planeta, funciona individualmente, formando um coletivo que, depois de *codificado*, forma o todo. E esse todo está codificado para se somar ao grande mosaico da vida, que você bem conhece. Diferentemente de um computador, cada componente desse mosaico está "vivo" e dotado de uma qualidade única de intenção e propósito, assim como a criação mais ampla que ele ajuda a formar. O que significa que as células de um macaco todas funcionam independentemente umas das outras, embora tenham o objetivo maior de fazer o macaco "funcionar". E o macaco, sem saber que deve seu funcionamento às suas células, segue a vida com sua própria consciência, traços, características, intenções e propósitos. Assim como faz seu bando, sua espécie, seu *habitat* e seu planeta. Cada um dentro de seus limites. Cada criação maior torna-se mais do que a soma de suas partes, embora permaneça inteiramente dependente delas.

Desse modo, suas aparições são projetadas, sustentadas e mantidas por Deus; mas, ao mesmo tempo, Deus se torna "vivo" por meio delas, sendo também maior do que a soma de suas partes. E você é parte essencial desse sistema. Você, a humanidade e as outras espécies existentes no Universo. Todos ajudam a criar as experiências compartilhadas que tornam possíveis suas experiências privadas. E os limites são unicamente os parâmetros básicos preestabelecidos há muito pelo coletivo (tal como gravidade, comportamento molecular e frequências de vibração), que realmente *o capacitam* a mover-se pelas suas selvas específicas enquanto, virtualmente, tudo o mais permanece ilimitado.

Mantendo a perspectiva

Criacionismo *versus* evolução não é uma proposição ou/ou. A evolução humana, espiritualmente falando, desde a amnésia inicial até a iluminação, é uma busca em constante progressão. Mas, para progredir espiritualmente, é necessário que você comece como um "bebê", sozinho, assustado e no "escuro", emocional e fisicamente, criando e errando, até aprender sobre seu verdadeiro poder e como usá-lo. A primeira curva de aprendizado de nossa aventura por aqui é repleta de desapontamentos e frustrações; contudo, a sabedoria que vamos adquirindo progressivamente vai possibilitando coisas magníficas e reconfortantes, culminando com nossa própria iluminação. "Tempo e espaço" são sua universidade, repleta de aprendizado em sentido ideal: alívio, alegria e expansão; aventura e descoberta; amigos e risadas; saúde e harmonia. Sua vida nada mais é do que o curso que você escolheu fazer. Um maravilhoso curso por si só, que vai tornar as futuras encarnações ainda melhores. E embora, às vezes, sua vida pareça confusa e desagradável, não significa que você não a escolheu ou que ela não servirá de palco para seus sonhos, nem que já não pode mais ser apreciada e desfrutada.

Se você fosse examinar a vida típica que levamos atualmente – um estágio inicial na progressão da civilização, fora de contexto, sem nenhuma ideia de para onde tudo está indo, não vendo harmonia, esplendor, cooperação, saúde, descobertas e realizações que você e sua geração vão fazer para ajudar as futuras gerações –, é bem provável que você concluísse que, para muitos, *a vida nas selvas simplesmente não vale a pena!* Essa conclusão, porém, é prematura. É como interromper *O Mágico de Oz* no momento em que Dorothy descobre o homem de lata enferrujado e mostra empatia com sua vida triste e com as oportunidades que ele perdeu.

Suicídios

Cada vida é escolhida por *muitas* razões, assim como a maior e mais profunda escolha de se viver diversas encarnações dentro das selvas. Encerrar uma vida, fisicamente falando, não encerra o processo de aprendizado que é formado pela série de encarnações.

Almas mais jovens (não confundir com *pessoas* jovens), que escolhem suicídios físicos, descobrem isso. Embora elas possam efetivamente encerrar o "curso" (encerrando fisicamente sua vida), elas rapidamente descobrem que ainda estão no "campus". Vivas, continuam sendo elas mesmas, mas agora vivenciam uma versão pós-morte das ilusões – bem mais flexíveis nesse plano. Nesse caso, também não há como voltar sem passar pelo caminho que você veio; todas as mentiras devem ser revistas e compreendidas. Todavia, enquanto todos podem completar naturalmente suas encarnações, partindo, de imediato, para novos estudos e excitantes aventuras, os suicidas precisam "repetir o curso", passando por uma nova encarnação e enfrentando o que antes estavam tentando evitar. Eles continuam com o mesmo "plano" *que haviam escolhido*; eles queriam que fosse assim, mesmo com todas as possibilidades de mundos e dimensões.

Suicidas, portanto, não conseguem escapar de seus problemas. Raras exceções acontecem com aqueles que vivenciaram severas e irreversíveis dores, moléstias extremas e afins. Mas mesmo essas experiências não lhes pertencem por acaso, e parte de sua dádiva viria por meio de um enfrentamento e não de uma fuga. No melhor dos casos, questões que levam ao suicídio são temporariamente postergadas, mas as promessas quebradas, a tristeza das pessoas que ficam e as oportunidades perdidas acabam cobrando seu preço.

Quando não é hora de morrer

Imagine as selvas como uma atração temática: as selvas do tempo e do espaço. Há diferentes parques dentro da atração, cada um com seu próprio tema e opções de diversões exóticas, shows e entretenimentos – assustadores, emocionantes, divertidos, românticos, educativos, simples/fáceis/alegres, e assim por diante, um leque infinito de opções. Cada uma das milhares de "diversões" foi feita sob medida para você, e é compartilhada por outros que procuram aventuras similares. E cada diversão pode tanto durar apenas alguns breves momentos quanto algumas dezenas de anos. Todas têm inúmeras encruzilhadas no caminho, decisões a ser tomadas, sonhos a ser escolhidos, lições a ser aprendidas e amor.

Entendeu? A atração temática é como um planeta. Cada parque é como uma era, nação, cultura ou mentalidade, e, com o tempo, você provavelmente escolherá muitas diversões (vidas) em diversos parques diferentes.

Escolher uma atração é algo muito importante. Imensamente importante. Essa escolha acontece apenas depois de um completo e exaustivo estudo e uma preparação. Durante o processo você está rodeado e apoiado pelos melhores amigos, aconselhado pelos mais sábios guias. Seu objetivo é experimentar todas as atrações oferecidas. Você não tem de ir; muitos nunca vão. Mas, se você for, será para valer, o "pacote completo".

E depois de tomar a decisão de entrar, outras muitas decisões menores virão em seguida, cada uma com sua própria graça e ensinamento. Quando combinadas, elas lhe proporcionarão a visão geral da aventura. Mas o importante aqui é saber que a grande decisão é tomada quando ainda estamos "de fora" do tempo e espaço. *Analisando por essa perspectiva*, a entrada e a saída das selvas acontecem quase de maneira simultânea. É tudo muito rápido e sem cerimônias comemorativas. Em um piscar de olhos você vive milhares e milhares de vidas, e ainda há muito mais por vir. Por outro lado, analisando pela perspectiva que você tem quando está dentro de algum ciclo de vida, a consciência é definida e depende do tempo e do espaço, até que você *realmente aprenda* que são apenas ilusões. E esse aprendizado somente vem quando você, de fato, vive as ilusões, aprende com elas e ganha domínio absoluto delas.

Considere a seguinte situação: você, em um de seus ciclos, está enfrentando algum problema específico. Digamos que o problema já dura anos, e que isso lhe faz querer desistir de tudo. "Chega! Odeio minha vida! Odeio essas selvas – elas foram uma ideia estúpida! Quero morrer!" Então, hipoteticamente, pelo suicídio, você interrompe seu ciclo e elimina aquele problema específico ou deixa de "brincar naquele parque". Agora você está fora do parque, mas ele continua funcionando, com outras pessoas lá dentro. Você "interrompeu" o *seu* problema, mas o mundo continua sem você, e mais, você não evoluiu ainda o suficiente para avançar além daquilo. Tampouco avançará, porque tal evolução *requer que você brinque naquele parque*. Isso fez parte da assombrosa e monstruosa escolha que "você" fez antes.

Sim, mas e agora?

Com orientação carinhosa – ou talvez um treinamento adequado – feita por guias experientes e preparados, você decide voltar ao parque, ou talvez a algum ciclo bem parecido, que ofereça o mesmo problema e o ensine o seu próprio caminho.

A hora de morrer

Uma vida termina naturalmente quando o aventureiro alcança o que veio originalmente buscar ou quando já não pode mais alcançá-lo e não há outras metas alternativas alcançáveis. Não é fácil saber se o objetivo já foi alcançado, e afirmar que você está pronto quase nunca significa que você está. "Consegui aquilo pelo que vim, não preciso mais ficar, todos os que eu amava se foram e estou rodeado por idiotas." Tais comentários revelam, muito claramente, que há ainda mais para aprender.

Quando uma vida termina de maneira natural, a "decisão" (não consciente) acontece com base em probabilidades: as trajetórias prováveis de todas as vidas afetadas pela transição e o que acontecerá com a eventual partida. Às vezes, é relevante incluir também as prováveis trajetórias daqueles que pertencem à mesma comunidade, cidade e mundo; e que seriam afetadas pela sua permanência ou partida – especialmente para os líderes mundiais ou influenciadores do mundo.

É difícil definir algo como "provável" quando todas as coisas parecem possíveis e nada é predeterminado. Os futuros prováveis são limitados pelo que *pode* acontecer, individual e coletivamente. Eles representam o que poderia, *de maneira muito provável,* acontecer tendo como base os pensamentos, as crenças e as expectativas de todos os envolvidos em determinado momento. Quanto maior o senso de antecipação e inevitabilidade que um futuro traz para os envolvidos, maior a chance de ele acontecer. O livre-arbítrio reina, mas é lógico que os indivíduos devem operar dentro da grande gama de probabilidades coletivas.

Dentro dessa gama de probabilidades estão as que pertencem a cada indivíduo. As opções de um indivíduo, portanto, podem ser limitadas pelas do grupo. Aplicam-se, *porém,* algumas condições:

1. Se um indivíduo tem uma visão suficientemente grande, ela pode, às vezes, mudar a do grupo.

2. Não importa que limitações o coletivo impõe, as escolhas e possibilidades do indivíduo de encontrar felicidade e realização permanecem *infinitas*.

3. Todo indivíduo conhece muito bem o grupo do qual escolheu fazer parte, e ele somente decidiu participar desse coletivo (nascer nesse contexto) porque existem *razões extremamente convincentes* para fazê-lo, a despeito de quaisquer limitações.

As oportunidades que vão surgir, tendo em vista as probabilidades criadas pelos pais e pela época do nascimento, bem como as probabilidades do coletivo maior, levam à escolha de uma vida. E, se sua vida se desdobra momento por momento, o mesmo ocorre com seus futuros prováveis e as oportunidades de alcançar o que você estabeleceu como meta. Naturalmente, conforme você cresce, crescem suas ambições, e, quando você atinge antigos objetivos, novos emergem. E essas trajetórias prováveis, até onde podem ser previstas, são também consideradas e avaliadas antes de você escolher uma vida.

> Conforme sua vida se desdobra momento por momento, o mesmo ocorre com seus futuros prováveis.

Em algumas vidas, alcançamos mais do que era inicialmente pretendido. Em outras, devido a mudanças no coletivo – local ou geral –, ou em nossa mente, mudamos subitamente prioridades e metas. E tudo o que facilita ou dificulta, aproxima ou afasta os objetivos pretendidos da vida, determina a hora de morrer.

Criando seu mundo

A olho nu, a morte parece casual. Para os que têm espiritualidade, ela parece ordenada. Diferentes perspectivas sobre o tema, contudo, impedem-nos de chegar a um consenso. Sabemos que existem consentimentos, livre-arbítrio e escolhas – afinal, a diversão está justamente nessas variáveis, não é? Portanto, as questões seriam: "Como viver sob amnésia mas manter o controle? Experimentar a escuridão mas ao mesmo tempo manter a luz? Viver o mais plenamente, embora escolhendo quando é hora de 'morrer'?"

O desafio com essas questões, por mais apropriadas que elas possam parecer, é que elas estão enraizadas em premissas criadas pela dicotomia divina: "Que você sabe *ou* não sabe. Que há escuridão ou luz. Que viver não pode incluir morrer" – como se morrer não fosse uma realização em toda vida.

Vamos ao problema. Imagine, como Deus, que você deseja esquecer quem é, para se descobrir de novo. Por quê? Porque você quer, ou porque é divertido, ou por qualquer outro motivo – não importa agora. Lembre-se: não conecte pontos demais, apenas aqueles necessários para que as coisas comecem a fazer sentido; as escolhas mais simples são geralmente as mais corretas. Bem, para esquecer quem você é, você precisa se colocar "do lado de fora" da criação, mesmo pensando que você *é* a criação, de modo que você se observe sem saber quem é você!

Para conseguir isso, vamos assumir alguns pontos sobre seu novo "lar":

1. Ele deve parecer perfeito, completo e crível, independente de você. (Mesmo que ele seja inteiramente dependente de você. Lembre-se: ele é você.). *O universo físico é incrivelmente vasto e totalmente conectado a todas as leis e propriedades físicas* – confere!

2. Ele precisa estar vivo, ser independente e autossuficiente. *Amebas, oceanos vivos, fotossíntese, placas tectônicas* – confere!

3. Ele precisa incluir você, mesmo que você permaneça visível e claramente separado dele. *Corpo físico* – confere!

4. Você deve reter alguma conexão criativa e profunda com ele para alcançar seu objetivo, que é redescobrir e expandir sua magnitude.

Leis metafísicas da natureza (responsáveis pela conexão entre o visto e o não visto, e entre o Criador – você – e sua criação) – confere! De acordo com as leis metafísicas, para que algo se crie no mundo físico é preciso que antes exista no mundo invisível, no pensamento: *seus pensamentos.* Eles então darão forma às coisas, circunstâncias e eventos de sua vida. Como apontado antes, eles não fazem isso espontaneamente – isso iria contra as leis que regem nosso mundo e explicam e defendem o funcionamento ordenado das coisas –, mas sim gradual, lenta e progressivamente. E, principalmente, de acordo com as leis da física.

Uma moeda de ouro não aparece de repente na palma de sua mão. Em vez disso, ela já existia em algum outro lugar, e acabou caindo em suas mãos. Alguma pessoa a passou para você: um mercador, um cliente, um conhecido, um benfeitor, uma herdeira, uma criança, um pai, um parceiro ou um amigo; o que estiver mais próximo de você, dada sua vida, suas probabilidades, suas trajetórias e a de seus pares. Desejar

> Pensar que a perda de um ente querido foi desafortunada, inoportuna, triste ou acidental é deixar escapar a dádiva.

uma moeda de ouro e manter sua imagem em sua mente põem em movimento uma cadeia de eventos, envolvendo um quadro de pessoas, coreografadas com uma precisão espantosa, que pode apenas ser sentida, mas não vista. Somente depois de o processo estar completo e a moeda estar em sua posse é que você poderá entendê-lo como um todo. Daí a "lei da atração".

Como pensamentos se tornam coisas

Esse processo que mantém intacta a credibilidade de sua realidade, recebendo e refletindo toda a energia que você coloca nela, é o que "você" como Deus organiza para construir o cenário para sua dramática e emocional autodescoberta. Nesse processo, cada momento de sua vida lhe é revelado. Sua vida é sua projeção, e você segue essas leis para alcançar seus propósitos.

Embora possa parecer estranho no início, não faz mais sentido do que a máxima "Deus opera de maneiras misteriosas"?

É claro que as logísticas são incompreensíveis para o minúsculo cérebro humano. Executar tal coreografia significa que todos os eventos e circunstâncias planetários devem ser orquestrados por trás das cortinas do tempo e espaço, no invisível, considerando todos os pensamentos, objetivos e desejos mantidos por mais de sete bilhões de pessoas, que vão então ser afunilados em uma única linha de tempo presumível em que cada pessoa chega o mais próximo possível do que elas estão sentindo, tornando tudo "real"; e os números são novamente processados, para que se tenha outro resultado brilhante no segundo seguinte e assim por diante.

Isso é o tipo de coisa que você não pode inventar.

Tampouco você é capaz de entender e explicar esse mecanismo de manifestação. Mas *você pode* ver evidências desse mecanismo quando percebe a misteriosa semelhança entre sua visão de mundo e o mundo físico propriamente dito, e tenta descobrir qual veio primeiro. E, do mesmo modo que você pode não saber como uma TV funciona ou o que acontece quando você aperta o botão do controle remoto para mudar de canal, você pode ainda assim saber que aquilo tudo funciona e que é você quem dá os comandos.

Quando você retém uma visão no pensamento – tangível ou intangível –, as circunstâncias gradualmente se realinham, pessoas importantes são reunidas ou distribuídas, e isso é trazido para sua experiência. Parece acontecer por mágica, mas é uma lei universal. É assim que os pensamentos tornam-se coisas.

E é a confluência de tudo isso – tudo o que você pensa, acredita e espera – que molda sua vida e sua *morte*. E assim como uma moeda de ouro pode estar à sua espera, o mesmo ocorre com todas as outras coisas que compõem a sua vida: relacionamentos, promoções, relocações, aventuras e todo o resto. Algumas dessas coisas vão aparecer mais rápido do que as outras, algumas não vão sequer se mostrar, e sempre haverá surpresas, com logísticas e coreografias complexas, impossíveis de se compreender pela mente humana – mas não para a mente divina.

E assim, do mesmo modo que você não terá *a mínima ideia* de quando a moeda de ouro vai aparecer, o mesmo acontecerá para a morte. Contudo, quando ela chegar, não importa como, ela não será casual e terá sido criada pelo que se move além, porque ela estava pronta, a hora era aquela e a coreografia foi divinamente preparada.

Sobreviventes

Essa coreografia com rotações, atrações e manifestações leva obviamente em conta os sobreviventes: entes queridos e testemunhas. É óbvio que os sobreviventes jamais escolheriam conscientemente passar por isso, mas qualquer um que experimenta a perda de um ente querido está, de modo semelhante, pronto. Não existem acidentes. Trata-se de um acontecimento que vale a pena, pois enaltece tudo o que veio desse relacionamento. É melhor ter amado e "perdido" do que não ter amado – especialmente quando nada é realmente perdido. O falecimento do ente querido não foi imposto, mas sim escolhido em uma gama de probabilidades. Pode ter doído muito, e ter sido o menos desejado desfecho pelos entes que foram afetados; mas eles, também, *estavam* prontos:

- Para viver a vida em novos termos.

- Para aumentar o nível de compreensão dos "mistérios" da vida.

- Para ver por meio das ilusões.

- Para saber que a vida é de fato linda, ordenada e cheia de amor.

Pensar que a perda de um ente querido foi desafortunada, inoportuna, triste ou acidental é deixar escapar a dádiva e permanecer na escuridão. É o mesmo que negar a perfeição e a ordem, que são intensas, constantes e claras em toda vida – incluindo o seu fim.

DE UM QUERIDO FALECIDO

Oi, pai!!
É Kaley!!! Estou ótima!! Estou aqui!! Eu te amo!!

Sinto muito pelo seu carro. Sei que é de mim que você sente falta, mas, ainda assim, fico chateada pelo trem... Rs.

Pai, você me disse que tudo acontece por uma razão, certo? Bem, não posso explicar o trem, mas posso explicar... isso... eu, aqui.

Pai, eu consegui o que buscava, saber que sou amada como sou, e que não preciso justificar minha existência – e foi você que me deu isso... Mamãe precisava perder um ente querido para ter base em sua crença... e você... sei que se eu não tivesse morrido, você teria.

Sei que você teria trocado de lugar comigo, mas não é assim que funciona. Nada teria sido ganho.

Você tem rezado... não tem? Bastante. Todo dia.

Você nunca rezou antes. Rezou? Certa vez você disse que Deus era "pensamento positivo".

Mas suas preces têm sido ouvidas! Você está lendo isto, não está?

Pai, você está "despertando" para novas ideias que, até minha morte, você nunca tinha considerado. Para você, nada disso importava. Você fez de mim a única coisa que importava em sua vida, e parou de viver. Agora, por causa da dor, você está procurando uma prova de que ainda estou viva, porque a dor da perda definitiva seria insuportável. Meu falecimento fez isso por você. Você fala com Deus agora.

Escute! Deus está respondendo!

Ao expandir seus pensamentos, você começará a perceber que meu falecimento não foi apenas por você, ou por mamãe, mas, principalmente, por mim. Você verá que eu consegui o que queria – e entenderá ainda mais, pois sei o quanto você me amou. Você vai perceber que eu realmente não morri. Que estou bem, estou feliz – não há enganos. Não pergunte, nem tente compreender. Isso fará sentido para você com o tempo, do modo que faz para mim.

Você está começando a considerar o lado espiritual da vida, e isso vai finalmente fazer que você contemple seu próprio lado espiritual. Isso afeta tudo, e, embora a dor seja tão intensa que parece capaz de matá-lo, ela passará e você vai viver como nunca viveu antes. Se eu tivesse ficado, nada disso teria acontecido, e você teria morrido de aborrecimento, depressão e... certamente... ressentimento, pois eu não conseguiria amá-lo de volta do mesmo modo.

Você e a mamãe ainda têm uma vida pela frente. Nós sempre teremos tudo o que vivemos em nossas lembranças – e aqui elas voltam à vida, é difícil explicar – e, o melhor de tudo, elas estarão para sempre conosco. É o que eu mais quero que você saiba. Pode parecer difícil compreender agora, mas, de todas as novas perspectivas que tenho, quero que você saiba que nos veremos novamente.

Com o meu amor,
Sua pequena linda.

Confiança, fé e paciência

Um dos eventos mais importantes na vida humana é justamente o falecimento, quando e como ele vai acontecer, embora sua complexidade, assim como todas as criações terrenas, leve em conta mais variáveis que a mente humana seria capaz de considerar. Contrariamente ao que seus sentidos físicos mostram, toda morte é o produto de uma organizada ação envolvendo cura, amor e uma miríade de outras considerações, que são sabiamente orquestradas pela mais alta inteligência dentro de você. E, embora essas verdades possam ser distorcidas e mal representadas, ainda vale a pena compartilhá-las com aqueles que podem compreendê-las. Mas lembre-se: "Se você ainda está vivo, você não está pronto". Isso é a próxima coisa que os mortos querem lhe dizer.

CAPÍTULO 4

VOCÊ NÃO ESTÁ PRONTO

Estar morto pode ser legal, porém mais legal ainda é estar vivo nas selvas do tempo e do espaço – e é por essa razão que você ainda está aqui.

Você veio dos "mortos" e aos mortos retornará, e, no todo, você passará muito mais tempo "lá" do que "aqui". Entretanto, "lá", seu foco principal será afiar e aperfeiçoar a arte de "entrar no corpo" (em vez das conhecidas experiências "fora do corpo").

E agora, enquanto você lê estas palavras, saiba que, pelo menos por enquanto, ainda é sua vez no palco. Você deve estar cético, já que é difícil acreditar em tudo isso. Talvez você não esteja convencido de que o presente é repleto de significado e de que você é quem mais gostaria de ser e está onde mais gostaria de estar. Que você é o mágico de sua vida, senhor das ilusões à sua volta, cheio de amor e energia pura. Afinal, há situações que colocam tudo isso em prova: encontrar uma vaga no estacionamento, perder peso, quitar uma dívida ou encontrar o amor de sua vida. Não admira que os vivos adorem se lamentar, dizendo: "Eu planejo, Deus ri".

E por que você *não estaria* pronto para morrer exatamente agora? Especialmente se você está sofrendo pela "perda" de um ente querido? Especialmente quando tudo parece tão casual e caótico? Especialmente se sua vida parece estagnada, se você não consegue o que quer e descobre que todos esses desafios são muito complicados? Este capítulo é para você.

Um segredo importante

Primeiramente, entenda que a vida dentro das selvas o coloca na *linha de frente* quando o tema é a criação da realidade. Poucas coisas se comparam à importante decisão de se esquecer de tudo e embarcar em uma nova aventura que dará a Deus novos olhos, novos ouvidos, novos sentimentos e um novo coração, que nunca vai parar de bater. Afinal, "ser", é "ser" sempre.

E para conseguir tudo isso, você deve navegar por uma jornada de sua própria criação. Mas o destino final dessa aventura *não é conhecido nem conhecível*. Nem mesmo "Deus" sabe o destino; de outro modo, não haveria razão para ela acontecer.

Você está aqui como parte de Deus, para fazer novas descobertas e indicar novos caminhos. Você é um pioneiro na consciência – embora, olhando para a vida de sua perspectiva mortal, *não há nada garantido para você*. Há anjos que não se atrevem a caminhar por onde você caminhou, e acham sua coragem invejável.

E aí está o segredo de viver uma vida dentro das selvas do tempo e espaço: as aventuras da vida são somente possíveis por causa dos desafios da vida.

Isso não quer dizer que para todo alto, há um baixo equivalente; já tratamos disso. Mas deve-se saber que, para cada momento, deve haver um "ou". Quanto maior o "ou" que você cria, mais emocionante. Por exemplo, de todas as alegrias sobre a Terra, poucas se comparam à glória soberana de conseguir ir *contra a corrente*, prevalecer *em face do perigo*, triunfar *sobre a adversidade* ou encontrar amor *onde parecia não haver nenhum*. Contudo, em cada um desses casos, a corrente contrária, o perigo, a adversidade e a solidão *devem vir primeiro*! Transformar dois milhões de dólares em cem milhões não é *nada* comparado a transformar zero dólares em um milhão, porque, ao fazer isso, você deve começar com... *zero*.

Todavia, na maioria das vezes, esses desafios, que são convites à grandeza e caminhos para a alegria, são vistos pelos "vivos" como problemas, obstáculos e perturbações! Eles costumam nos intimidar, nos fazem recuar. Ignoramos a magnificência da oportunidade e deixamos de lado sua verdadeira função. Sua vida não é uma droga porque que você tem catapora, você está falido ou sua namorada o traiu; *sua vida é excelente porque* você tem catapora, você está falido ou sua namorada o traiu! Essas questões não são aleatórias, elas foram designadas por um desígnio divino – *seu desígnio*.

Os mortos, entretanto, querem que você perceba que, não importa onde você está, tudo está bem. Na verdade, tudo está cada vez melhor, acontecendo como "deveria" e progredindo constantemente, levando-o sempre um degrau acima. Essa é a trajetória de Deus dentro do tempo e espaço: expansão eterna. Eles querem que você saiba que, mesmo em sua ausência, por mais que você possa sentir falta deles, o fato *de que você ainda* vive é extremamente significativo. Quer dizer que você ainda tem lugares aonde ir, amigos a encontrar e lições a aprender; que pode haver ainda mais alegria que tristeza, mais riso que choro; e que o Universo é vivo e amoroso, e está literalmente conspirando a seu favor.

> A vida não deve ser dura a ponto de você tentar ser feliz *apesar* dela.

Eles querem lembrá-lo de que o mundo é sua ostra, embora sua "obra" não esteja concluída. Vamos sair do passado, retornar ao aqui e agora e começar a moldar o resto de sua vida. Aguente aí e continue dançando a dança da vida, sabendo que você está inclinado a ser bem-sucedido e propenso à alegria, porque essas são as consequências do Divino, traços do imortal, seus direitos de nascença.

Finais felizes

Vamos pensar: algum pai que ama seu filho daria a ele um livro que não tivesse um final feliz? Não. Ele daria ao filho um livro com final feliz, mesmo que nele houvesse algumas partes assustadoras. Da mesma forma, um "você maior" somente daria a si mesmo o presente de um tempo e espaço se ele fosse todo bom *no longo prazo*, mesmo que houvessem partes ruins no meio do caminho. Em outras palavras, *não importa o que possa acontecer*, os tropeços e as voltas ao longo do caminho vão valer a pena.

Como você já deve suspeitar, o "final feliz" nessa metáfora certamente não é a sua "morte". A vida não deve ser dura a ponto de você tentar ser feliz *apesar* dela. O "final feliz", portanto, vem quando finalmente entendemos como superar os momentos difíceis durante nossa vida. A chave é que você, de fato, precisa *se mover, progredir*, e não "parar de ler nas partes assustadoras"; você deve prevalecer, insistir e seguir em frente para chegar ao outro lado, seja qual for seu desafio.

Depois de dominar e controlar um determinado desafio, um novo sonho aparece, e outra jornada se inicia.

A maioria das pessoas, ao tentar entender a vida, Deus e seu propósito, logo questiona as dores e os sofrimentos do mundo. Mas elas nunca perguntam:

- Por que tantas pessoas no planeta, de norte a sul, têm alimento suficiente?

- Por que tantas pessoas têm uma vida encantada, com amigos, parceiros e crianças?

- Por que há tantos ganhadores de loteria, *rock stars* e multimilionários?

Mas, se você quer continuar a perguntar sobre as crianças famintas nos países pobres, ou os horríveis abusos que ocorrem em virtualmente toda nação (ambas as perguntas justas e altamente responsáveis), você terá de lembrar que, em um contexto de sete bilhões de pessoas, todas vivendo ao mesmo tempo neste planeta, tais tragédias são comparativamente poucas. E, mesmo se considerarmos que o número de pessoas que sofreu algum tipo de violência ou injustiça não é pequeno, e bem aceitável afirmar que elas foram felizes antes ou depois dos infortúnios. Julgar sua vida ou a de qualquer outro, seu progresso ou a aparente falta dele, por algum ponto isolado e fora de contexto em sua jornada, é errado e injusto.

Infortúnios passageiros; dádivas duradouras

As perdas dentro das selvas não são apenas temporárias, mas assim como o tempo e espaço, são ilusórias. A melhor maneira de se comprovar isso é escolhendo um caminho com probabilidades que envolvem "perdas" e mal-entendidos, para depois perceber que é possível dissipá-los. Imagine a grande euforia que uma alma consternada e aparentemente abandonada sente ao descobrir que não apenas o ente querido está vivo, mas como também poderá ficar junto dele para sempre. Ao aceitar sinceramente seus desafios, você cria oportunidades para suas dádivas serem reveladas. E assim você fica livre para celebrar suas realizações e seguir em frente motivado, por meio do caminho que, agora, o conduz ainda mais alto na direção da luz ou mesmo para novas e maiores aventuras, antes impossíveis por causa de suas limitações.

Nada é por acaso. Estar vivo significa que você sabia onde estava se metendo e sabia de todas as probabilidades que poderiam um dia se apresentar. Qualquer aparente buraco em sua vida atual é uma oportunidade para você mesmo ser conduzido a verdades maiores sobre a vida, o amor e a realidade. E se aproveitar essas oportunidades, você chegará a essas verdades de maneira mais rápida. Quando acontece uma perda ou tragédia, uma falha ou imperfeição, você tem a escolha de ser levado para baixo ou ser erguido por esse evento. E, dada a resiliência do espírito humano e a inclinação inata de todo indivíduo a triunfar, escolhe-se sempre progredir. Você descobrirá que permaneceu completo apesar de seus desafios, contratempos e coração partido...

Caso em questão: abuso conjugal

Esse é um assunto sensível, então, para ficar bem claro, nada justifica abuso de qualquer tipo, nunca. É errado, imerecido e criminoso. Aqueles que cometem tais atos devem ser tratados severamente. Aqueles que são vítimas devem receber rápida compaixão e reabilitação. Não obstante, elas acontecem, e, como estamos aqui tentando responder a questões difíceis, vamos abordar este tema para tentar ajudar a ilustrar alguns dos pontos neste capítulo.

É normal e correto que uma "vítima" de abuso ache que sua vida acabou naquele momento, que o mundo é injusto e que nada faz sentido. Mas somente *naquele momento*. É necessário lembrar que o evento de fato ocorreu, mas ele é apenas parte de um grande contexto, que envolve passado e futuro. Além disso, se ela carregar esses sentimentos para o resto de sua vida, e tomar importantes decisões sob influência dessas conclusões míopes – cancelando planos futuros, evitando amigos ou deixando a raiva se acumular –, deixará de enxergar os ensinamentos que a rodeiam, comprometendo suas próprias capacidades de cura e ocultando o equilíbrio e o desenvolvimento que crises desse tipo oferecem, tais como:

- Compreender que o valor de uma pessoa não tem de ser merecido.

- Aprender que ouvir ou dizer "não" não é nem uma negação de amor nem egoísmo inapropriado.

- Perceber que não é obrigação ou responsabilidade de ninguém salvar ou redimir o outro.

- Entender que não existe uma e única "alma gêmea".

- Descobrir que é preciso amar-se antes de amar os outros.

- Enxergar que ser feliz e viver em paz não requer tristeza e violência.

Além desses ensinamentos, outras infinitas lições podem aprendidas. Dentre elas, o fato de que relacionamentos abusivos nunca são exatamente iguais.

É importante lembrar que *todas* as perdas e sofrimentos, enfermidades e doenças, desapontamentos e dores no coração, vidas e mortes experimentadas dentro das selvas são criadas por cada aventureiro. Elas também oferecem oportunidades feitas sob medida para melhorias pessoais, equilíbrio, cura, crescimento e ganho. Os benefícios em longo prazo (eternos, nesse caso!) compensam amplamente os contratempos e sofrimentos de curto prazo. Quando situações difíceis são consideradas dentro de um contexto, em vez de isoladamente, suas dádivas ocultas se tornam aparentes.

Contudo, a cura, o equilíbrio e o aperfeiçoamento não acontecem de forma eficaz se *não permitirmos que a vida aconteça*. Onde quer que você esteja agora é onde você deveria estar. Não porque é o destino, mas por causa das escolhas que você fez e das prioridades que estabeleceu até agora. E, embora haja momentos em que você possa se sentir incomodado ou aborrecido, a trilha que você percorre agora está inevitavelmente levando-o a ter mais amigos, mais amor e mais iluminação. Ela o está afastando da confusão e dos mal-entendidos e indo em direção à claridade, enquanto você aprende por meio de tentativa e erro sobre sua capacidade de controlar as ilusões de sua vida.

A trama se complica

Saber que ninguém entra por acaso em situações ameaçadoras ou difíceis é provavelmente o primeiro passo para perceber que você não é vulnerável. O primeiro passo em direção à descoberta de que a vida não é assustadora e que não há um risco de ser apunhalado pelas costas a todo instante. Tudo o que acontece está "escrito" em pensamentos, crenças e expectativas anteriores – e essa ação pode ter sido intencional ou não. Quando ela acontece sem intenção pode trazer insegurança, mas é justamente nessa situação que o indivíduo começa a fazer novas perguntas, corrige antigas maneiras e abre deliberadamente novas trilhas.

E, ao compreender que existe uma unidade em todos os acontecimentos, fica mais fácil encontrar significado e adquirir inspiração para prosseguir.

A história de cada vida se desdobra de maneira muito semelhante ao enredo de uma novela ou de um filme de Hollywood: tudo tem um propósito – vital, planejado e pesado – e nenhum personagem é desnecessário. Nada é predeterminado ou aleatório; tudo é escrito de maneira espontânea, por trás das cenas, na mesa do escritor. E este roteiro fica propositalmente oculto, para que você possa vivenciar de forma plena cada evento.

Por favor, não confunda aleatório com espontâneo. O espontâneo é legal. Ele emerge de um campo de probabilidades que você controla, mantendo escolha e sentido. Ele envolve instinto e ímpeto, palpites e sentimentos, imaginação e crença. Aleatório é o oposto. Vazio e sem motivo. Talvez sim, talvez não. Chance e sorte.

Luzes, câmera, ação

Você já viu alguma cena de ação em um filme acontecer sem nenhum propósito? Ou personagens que se ferem, apaixonam-se ou quase morrem por nada? É claro que não: está tudo no roteiro de antemão. Personagens são elencados de antemão. Decisões são feitas, refeitas e feitas novamente. Narrativas são criadas, editadas, inseridas. Diálogos são elaborados, ensaiados, desempenhados. Nada é deixado ao acaso – seria muito arriscado, muito desperdício. Contudo, quando você está assistindo ao filme do conforto de sua poltrona reclinável, parece que "há acaso", justamente *porque é assim que deve parecer*. Somente assim podemos acreditar na trama! Nada é mais importante para a apresentação cinematográfica do que manter a aparência de acaso. Sem uma aparência autêntica, incluindo surpresas, livre-arbítrio e infinitas possibilidades, não haveria valor emocional e a produção não teria valido a pena. Igual à nossa vida, não é?

O tempo é uma ilusão. Assim como o espaço. Mas eles criam o *cenário* para a realidade que você está agora dirigindo. Tudo primeiro acontece fora da tela, no pensamento, na imaginação, por trás das cortinas, fora do tempo e espaço, onde planejamento e coordenação logística podem ocorrer em um piscar de olhos. É nesse estágio que roteiros são aperfeiçoados e praticados, tudo muito rapidamente. Por mais que um personagem ou uma cena pareçam surpreendentes, tudo foi previsto. Nem mesmo o transeunte distraído, o distante cão ladrando, o caminhão de bombeiros que sai com a sirene ligada e tudo mais... Ninguém fica ferido, apaixonado, ou quase "morre" sem que haja significado e inteligência. Não há escapar por pouco, quase perder ou quase morrer, mesmo que tudo indique o contrário.

O único sobrevivente de um desastre de avião na "vida real" esteve tão perto da morte quanto uma pessoa qualquer que estava comendo torradas com sua família em uma manhã de sábado. Não existe sina ou destino, somente o que foi "escrito" por eles mesmos. Pensamentos e expectativas que ocorrem no passado e no presente definem as realidades disponíveis, e elas são então vivenciadas. A inteligência divina entrelaça essa realidade com as outras vivenciadas pelos outros sete bilhões, momento após momento, cena após cena.

Você compreende para onde esse raciocínio vai? Você vê que tudo nas selvas é uma *obra em andamento*, inclusive sua vida, incluindo sua vida hoje? E que, mesmo que você esteja aborrecido, assustado ou quase desistindo, o fato de que você ainda "está" é prova indiscutível de que você não está pronto para deixar o palco?

O autor desconhecido

Apesar dos mistérios da trama e dos acontecimentos imprevisíveis – *que não requerem sua preocupação* –, você tem sempre a sensação de que tudo está caminhado para o bem geral da história. Você pode sentir isso em relação à aventura que é sua vida, independente do que já aconteceu. E você pode perceber que, quando aparecem coisas de que você não gosta ou que não quer, cabe unicamente à você mudá-las. Você é o autor desconhecido que escreve com marcas de caneta do pensamento, crença e esperança.

A inteligência divina é seu coreógrafo responsável, que formula passos e rotinas na forma de experiências de vida, construindo a visão na qual você acredita. Esse trabalho de construção se desdobra gradualmente e, a princípio, parece não ter pé nem cabeça. Todavia, depois, quando você o vê em perspectiva, a perfeição é óbvia, e o significado, totalmente compreendido.

O título de sua história de vida poderia ter seu nome, e o perfil de seu personagem seria o conjunto de forças e interesses que você desenvolveu durante sua vida. Como protagonista principal, você vive a história de maneira emocionante, sem saber que você mesmo criou tudo de maneira tão convincente que até parece "real". E seu leitor mais ávido é "Deus", que está seguindo cada palavra através da janela de sua alma.

Agora, é claro que *você é real*, mas não da maneira que pensa. E nada dessa analogia pretende marginalizar a experiência humana. Pelo contrário, ela pode ser usada para discernir a verdade, ajudá-lo a aproveitar a glória de ser parte do Divino e compreender que foi Ele mesmo que sonhou ser *através de você e como você*. E assim você pode viver com um propósito, moldando alegremente o mundo à sua volta enquanto aprende a dominar as habilidades de imaginação, paciência e manifestação.

Escrita criativa 101[3]

Toda boa escritora tem um truque secreto. Ela pode conduzir o leitor para um caminho escuro e fantasmagórico, coberto de mistério e suspense... enquanto escreve no conforto de sua mesa, com todas as luzes acesas e a TV alta em outra sala, onde crianças felizes brincam com seus animais de estimação e seu querido marido relaxa. A escritora inventa alguma pista falsa para desviar a atenção, deixa chaves em lugares escondidos, coloca o vilão em um poço com areia movediça, derruba, "por acaso", o chapéu da cabeça do herói, que corre para fora de uma ponte para pegá-lo no exato momento em que ela explode... uau! A escritora tem o tempo ao seu lado, ou melhor, ela cria a história *fora* do tempo. É o leitor que vai vivenciar a trama em uma ordem sequencial lógica, pois a leitura segue a sequência cronológica. Quem escreve pode voltar ao começo da história depois que ela está essencialmente pronta para completar algum trecho, ou acrescentar um novo personagem; o Coronel Mustered, por exemplo, que vai solucionar algum problema que apareceu apenas depois de concluído o primeiro esboço da trama! Contudo, a escritora é tão magistral em moldar sua narrativa que o leitor sente que a história surge espontânea, natural e logicamente no exato momento em que as palavras são lidas, o que, é claro, ocorre bem depois que o esboço final foi escrito, impresso e encadernado.

Tudo isso é possível porque a escritora compreende inteiramente seu papel na criação e, desse modo, aperta os botões certos na hora certa para os resultados que ela quer que o leitor encontre na obra acabada.

Da mesma forma, aquele que escreve uma vida e compreende inteiramente seu papel na criação, baseia seu trabalho na expectativa de resultados positivos a cada manifestação terminada. Esse é o *seu* grande truque. Saber que você não é dependente, de modo algum, do mundo ao seu redor. Não é preciso ser treinado ou manipulado para causar mudança. Na verdade, é inútil tentar causar mudanças de vida importantes por meio de manipulações das

---

3. 101 significa curso de introdução.

ilusões de tempo, espaço e matéria da vida. Em vez disso, mude a fonte delas! Vá para dentro de seus pensamentos e de sua imaginação. Visualize e crie novas possibilidades para que o Universo responda no mundo físico, rearranjando suas ilusões da vida.

Fora do tempo e espaço, usando sua imaginação, é possível sonhar o que você quer ver acontecer, aonde você quer ir, quem você quer ser e o que você quer ter. Como se fosse mágica, todos os detalhes serão resolvidos para você. Os cenários e atores do filme de sua vida vão aparecer, rearranjados por meio de aparentes acidentes e coincidências. As pessoas certas vão surgir, e as erradas desaparecer, na hora certa, pelas razões certas, das maneiras mais surpreendentes, embora plausíveis, para conduzir você, o protagonista, de onde você está para onde você sonha estar.

> **Sua parte é a parte mais fácil. O Universo faz todo o resto.**

Sua parte é a parte mais fácil. O Universo faz todo o resto. Você só tem duas coisas a fazer:

Passo 1: defina o que você quer, e

Passo 2: compareça para recebê-lo.

Faça isso (as instruções estão no Capítulo 6). Todo o resto lhe será entregue de bandeja.

Melhor impossível

Baseados em tudo o que vimos até agora e lembrando sempre que sua vida é uma gigantesca obra em andamento, aprendemos que nenhum pensamento ou experiência isolada deve ser o ponto principal dela. Assim, fica mais fácil entender que não importa a intensidade de um momento, ou de uma série deles; é impossível saber quando você estará pronto para "morrer" naturalmente, até que isso ocorra de fato. E não adianta reclamar ou argumentar; não importa o quão grande é a dor emocional ou o quão triste está o reclamante; seu protesto terá a mesma eficácia que tem uma criança que tenta desaparecer fechando os olhos. Há uma magnífica produção em andamento, e você é o autor, astro ou estrela, e a audiência; e as páginas estão ainda sendo viradas, enquanto anjos espiam sobre seu ombro para ler a história, e até mesmo Deus o observa. E, embora não possa enxergar isso agora, você está em meio a um espiral ascendente, mais alto do que já esteve antes em todas as suas outras vidas, e subindo constantemente.

Portanto, não pare. *Ser paciente não significa ser passivo.* Avance em direção aos seus sonhos, enquanto celebra e agradece tudo o que dá certo, tudo o que já conquistou e quem você é agora. Esteja com amigos. Passe um tempo sozinho. Não se preocupe. Seja feliz. Olhe para a frente. Isso é certamente mais fácil de dizer do que fazer, mas é o que realmente importa: se tudo isso fosse fácil, todos já o teriam feito e não haveria razão para seguir em frente, certo? Você se inscreveu no programa intensivo: mais difícil no começo, mais divertido depois disso.

Não há nada de errado com sua vida apenas porque, às vezes, você se sente perdido ou incompleto. Isso significa que você é "normal", que está crescendo e está exatamente onde "deveria estar", e tudo está bem. Você não é prejudicado por seus desafios e suas tristezas, mas sim abençoado por eles. Mesmo que isso implique na perda de uma pessoa amada, que estava "pronta" antes de você. *Você é abençoado de maneira especial quando perde essa pessoa, pelo amor que teve por ela e que ainda tem.* Quanto maior a carência e insatisfação percebidas em sua vida, maior será a reabilitação e futura celebração.

> **Ser paciente não significa ser passivo.**

Não se aborreça pensando ou imaginando se é "sua vez". Não é. Você saberá quando chegar a hora.

E, a propósito, você vai sentir falta da Terra. Todo mundo sente.

DE UMA QUERIDA FALECIDA

Alexa!!!
Uau, que voo! Quero dizer... que desastre! Muito louco!

Quem morre em um desastre de avião, não é? Quase ninguém. "É a forma mais segura de viajar, blá-blá-blá", mas... bem, sim, eu desafiei as estatísticas.

Cara, estou viva! A única diferença é que agora eu posso ouvir e ver você, mas você não pode me ouvir ou ver. Os seres flutuantes daqui dizem que eu estava pronta e você não. Sim, eles flutuam como fantasmas, mas são tão adoráveis e sábios que chegam a me comover. Eles dizem que agora sou um ser flutuante também, apesar de ainda ter pernas.

Não... não posso ver você no chuveiro. Foi nisso que pensou, acertei? Há algo como uma barreira automática que faz que o que deve ser privado continue privado, desde que não faça parte da jornada de alguém mais. Como você beijando Bob quando ele ainda era meu namorado, antes do desastre. Aquilo era parte de minha vida, eu vi tudo na inquirição depois que cheguei aqui. T-u-d-o, Lexie! Mas, se você o está beijando agora, não vou saber porque não faz mais parte de minha vida.

"Sua galinha!" Rs. Estou brincando! É impossível ficar brava por aqui – há tanta coisa para nos deixar felizes! Além disso, eu já sabia, e eu também não era santa. Desculpe, você vai saber em sua inquirição.

Cara, as coisas que você descobre aqui!

Olha só, você notou que eu não gostava muito daquele nosso professor de humanidades na escola, o senhor Gresham? Adivinhe por quê! Ele foi meu pai em uma vida passada e abandonou a minha mãe e a mim na floresta, sozinhas, depois que eu nasci. Nós morremos de fome e frio. Horrível, não? Acredite se quiser, todos os vivos, bem no fundo, sentem as maldades que aconteceram em vidas anteriores, e eles geralmente tentam consertar em vidas futuras, sem nem mesmo saber por quê. Sim, aposto que você lembra que tirei um A em humanidades. Mas acho que é necessário mais do que um A para compensar um assassinato! Bem, não acho que essa seja a história toda, mas fiquei contente pelo A.

Lexie, estou falando sobre isso porque... tenho algo para lhe confessar. Uma vez eu a feri bem gravemente. Foi com uma faca. Sinto muitíssimo. Nós éramos druidas e vivíamos onde hoje é

Galway. Bob também estava lá – acho que devia ter esfaqueado ele no seu lugar! Rs! Não, não realmente. Esfaquear alguém tem consequências imensamente ruins. De qualquer modo, às vezes amigos gostam de retornar juntos para tratar das coisas ou apenas porque gostam do mesmo tipo de aventuras. Eu realmente sinto muito. Você me perdoa agora porque você esqueceu, mas, ah, merda, quando você voltar, sua memória será reativada.

Ah, tem mais uma coisa legal. Como já lhe disse, sabia que você estava beijando Bob. Mas deixei isso de lado, sem nenhum ressentimento – nem sequer precisei tirar satisfação com você –, e isso me livrou de algo que sempre me segurou. Eu fui capaz de deixá-lo de lado porque tinha finalmente aprendido que minha felicidade não dependia de outra pessoa, e que as mentiras de outro não podem me deixar menos feliz. Consegui o que mais queria. Essas foram minhas lições... além disso, aprendi a compartilhar, como fazem as crianças – parece bobeira, mas é um negócio sério. Enfim, é por tudo isso que morri, ou ao menos vim para cá. Legal, hein? Você nem imagina para onde vou agora, infelizmente não posso lhe contar...

De todo modo, que voo! Estou contente que você está bem. Por favor, saiba que eu também estou. Você sobreviveu, Lexia, porque ainda tem mais aventuras por aí. E eu "morri" porque minhas próximas aventuras serão em outro lugar. Mas podemos continuar nos encontrando dessa forma, e como fazemos quando você dorme à noite, mesmo sabendo que você não se lembra. Vamos nos falando, para sempre, aqui, ali e em toda parte.

Amo você, amiga!

Trixie, a atiradora de facas

Antes que um grande sonho se realize

Você sabe o que acontece no mundo físico momentos antes da realização de um grande sonho?

Absolutamente nada.

Assim, se agora mesmo nada parece estar acontecendo em sua vida, tome isso como um sinal. Não adianta esperar a sua "hora de brilhar", nem desejar que ela chegue. Ela não vai dar aviso. Como uma correnteza sob a água, a mudança vem sem som, e qualquer calmaria que você pode estar vivenciando agora pode ser a calmaria antes da tempestade de coincidências, de acidentes felizes, de eventos certeiros, que vão lhe trazer sua próxima eletrizante transformação. Sempre existe algo maravilhoso sendo fermentado.

Você também não precisa se preocupar em ser prejudicado por criações maldosas vindas de outras pessoas. Independentemente do que tenha ocorrido anteriormente entre vocês, seus triunfos inevitáveis vão acontecer, e o perdão está sempre o rodeando. E é isso que os mortos querem lhe dizer em seguida.

CAPÍTULO 5

LAMENTAMOS TODAS
AS DORES QUE CAUSAMOS

Todos os que se aventuram nas selvas acabam se machucando. E a dor é invariavelmente *causada por outro alguém*!

E não é raro que esse alguém seja um ente querido; às vezes, até aquele que mais amamos.

Quando chegar a hora, você vai descobrir que, às vezes, fere os outros tanto quanto eles o ferem. Então, naturalmente, observando tudo da perspectiva do pós-vida, onde uma grande empatia o coloca no lugar dos que você machucou, é previsível que você queira compartilhar as verdades que vão aliviar o sofrimento, mudar o enfoque e mandar seus entes queridos para um caminho melhor. Os mortos realmente lamentam qualquer dor que eles possam ter causado em sua vida.

A grande revisão da vida

Quando finalmente apertamos o interruptor e apagamos as luzes do tempo e espaço, outra luz se acende automaticamente sobre você, que pode agora analisar o "não visível". É óbvio que se você aceita a existência como algo eterno, espera uma continuação organizada e com inteligência divina. E, certamente, não espera que haja treva eterna, sem forma. Na verdade, palavras como *vibrante, cativante, eletrizante e espetacular* são insuficientes para descrever o que você vai ver quando sair do plano do "visível". Diante de tanta ordem e beleza, e sabendo que você passou pelas selvas para aprender com suas aventuras, é natural esperar uma avaliação, não é? Um boletim escolar, uma verificação de *status*?

De fato. Você está entendendo tudo bem rápido.

E adivinha quem vai atribuir suas notas?

Você mesmo. Você criou essa coisa toda, ao menos a sua parte, então quem melhor? Ninguém quer que você faça julgamentos, mas você provavelmente vai fazê-los. E seu objetivo é aprender. Ver. Compreender. Progredir.

Naturalmente, após o retorno, com sua nova e mais ampla perspectiva, você vai rever tudo o que aconteceu com você, entre seu nascimento e sua morte, e também compreenderá seu papel nessa criação: seus métodos e loucuras, verdades e mentiras, razões e justificativas, acertos e erros... *tudo,* em uma profundidade e grau que você não pode compreender agora.

Você compreenderá como sua vida terminou, e isso o deixará pronto para as escolhas e aventuras da próxima. Compreenderá também como sua vida anterior influenciou seus mais recentes sucessos. Como aqueles que são seus amigos há milênios concordaram em aparecer de novo, seja para brincar, cutucar ou zombar, e como você concordou em embarcar na aventura com eles. Você entenderá por que era tão bom em matemática ou talvez em música, por que odiava história da arte, onde você estava quando se apaixonou pela primeira vez, as influências por trás de seus inexplicáveis estímulos e temores, a provável antiga conexão entre você e os pais que escolheu, e as pessoas que você repudiava e adorava e por que isso acontecia.

Você vai ficar extasiado com seus triunfos e conquistas, vibrar cheio de orgulho com sua coragem e seu valor, admirar sua tolerância, celebrar sua insistente perseverança, ímpeto, compaixão, empatia e ternura. E tudo o que você sentir será ampliado um milhão de vezes quando você perceber que o bem que fez foi perpetuado por outros, e que seu sorriso e força foram contagiantes e se espalharam rapidamente pelo espaço e tempo, alcançando mais vidas do que você jamais imaginaria que pudesse existir.

"Ops, fiz de novo!"

Mas você também verá, quase sem acreditar, muitas situações em que o amor esteve à sua frente, oferecido a você por anjos, e, contudo, devido à sua ingenuidade, ignorância ou falta de compreensão, você não conseguiu perceber. E, então, verá que algumas vezes fez maus julgamentos ao corrigir erros, alinhar desequilíbrios e reivindicar direitos sem necessidade. Verá que tentou realizar mudanças manipulando ilusões e pessoas, em vez de consertar de fato seus erros. Verá que foi crítico, julgador e nocivo – mental, física e emocionalmente –, mesmo que estivesse sempre rodeado por um Universo amoroso e adorável. *Hein! Eu?* Você achará que as imagens foram manipuladas, pois vai se lembrar de toda a dor e confusão que sentiu naquelas ocasiões, mas não do amor que o rodeava.

Tais eventos aparecerão em menor quantidade quando comparados aos momentos bons; não obstante, eles causarão incômodo. Apesar de tanto apoio, de tanta clareza, você optou por ser um "homem das cavernas". E seu remorso será ampliado quando perceber que suas ações influenciaram outros que, acuados e culpados, recuaram das infinitas possibilidades de sua própria vida. E então você verá como as ações *deles,* posteriormente, influenciaram negativamente a expansão de terceiros.

Não será nada agradável.

Porém... você estará fortalecido pelo "bem". Você vai perceber que ele se expande mais ampla e rapidamente do que o "mal", reforçado pela tendência que todos têm de escolher o amor. Você vai ver que há tempo dentro da eternidade para que tudo seja perfeitamente repercutido. Que nada segue desperdiçado, e toda experiência expande Deus. Que todos, eventualmente, acabam aprendendo o que vieram aprender, e depois retornam para o amor; que todos fazem desse amor o seu "lar", inteiro e completo, e também se expandem com isso. Que há um infinito número de segundas chances. E, com toda a certeza, mesmo quando você vir seus maiores desapontamentos e enganos, sentirá que ainda é absolutamente adorado. Você sentirá isso "fisicamente". E, embora você não possa compreender, você saberá que é verdade porque *será compreendido.* Você saberá que tudo caminha para dar certo. Você compreenderá que a

> Que todos, eventualmente, acabam aprendendo o que vieram aprender, e depois retornam para o amor.

cura, para todos, inclusive você, é ininterrupta. *Que os contratempos foram previstos como possibilidades.* Que todos os que cruzaram seu caminho (ajudando ou combatendo), fizeram-no conscientes das probabilidades envolvidas; eles sabiam o que podia acontecer e de dentro de sua própria luz disseram um assertivo "SIM!".

Ajude-os a ajudá-lo a ajudar a si mesmo

Você vacilou, escorregou e cometeu enganos que trouxeram dor aos outros. Da mesma forma, outras pessoas fizeram o mesmo com você. E eles estão profundamente sentidos pelos seus sofrimentos. Mas estes, na verdade, deram a eles novas perspectivas, antes invisíveis. Os mortos querem ajudar os que estão bloqueados pela dor ou os que evitam alguns acontecimentos que poderiam causar sofrimento. E isso ocorre porque eles conseguem enxergar o que você ainda não vê: que tudo é fácil de ser resolvido e que você tem força suficiente para resolver tudo, porque a vida tem muito mais a oferecer àqueles que seguem em frente, sem se prender ao passado.

Uma série de eventos infelizes

Se você, caro leitor, está em um momento de dor contínua "causada por" outros, vivos ou mortos, essas dicas que seguem podem mudar rapidamente sua perspectiva e fazer você analisar tudo de maneira mais pacífica, amorosa e plena.

Feitiço do tempo (sem Bill Murray)[4]

Não lamente o passado. Ele desvia sua atenção de tudo o que está acontecendo no presente. Além disso, faz que cada uma de suas subsequentes experiências de vida fique contaminada pelo

---

4. *Feitiço do tempo* é o nome de um filme em que o ator Bill Murray acorda todos os dias no mesmo dia, vivendo as mesmas situações diversas vezes.

trauma do que foi uma vez dito ou feito. E isso apenas desperta sentimentos negativos, que acabam gerando comportamentos e escolhas negativas que, por sua vez, engatilharão mais manifestações negativas. O que vai volta (inclusive seus pensamentos negativos). Assim como o rico fica mais rico e o pobre mais pobre, o amargo fica mais amargo, e as razões para que isso aconteça sempre aumentam. Insistir em algo que uma vez já o feriu vai apenas lhe causar mais surpresas negativas, perdas, desapontamentos – e novas razões para ser ferido.

Deixe as reprises para a televisão

E o problema não acaba aí. Fica cada vez mais difícil se recuperar quando *seu foco no passado* atrai a falsa compaixão de pessoas que dizem querer ajudá-lo, mas, na verdade, somente o fazem lembrar a todo instante como você foi ruim, imoral, destrutivo, agressivo e errado em determinada situação. E isso é apenas o começo. Se você *aceitar o que eles dizem*, vai acabar acreditando nessa negatividade e se julgar impotente e vulnerável. Portanto, cuidado com o que você aceita que seja dito pelos outros sobre você.

Agora que você está descobrindo seu poder, você pode se perguntar: *E meus amigos/cônjuge/colegas de trabalho negativos? Devo desfazer-me deles?*. É claro que não. Eles, obviamente, têm também boas qualidades, ou você nunca teria se aproximado deles, certo? Vocês gostam dos mesmos filmes, riem das mesmas piadas e se divertem juntos. Você não é tão influenciável. Apenas não deixe que os pensamentos deles se tornem os seus. Não abdique dessa importante responsabilidade: pensar por si mesmo. Você está aprendendo isso. Seus poderes internos estão se consolidando. De qualquer forma, fuja da conversa negativa sempre que puder. Mas, se não conseguir, pelo menos não colabore. E, perceba, principalmente, que esses resmungos, lamentações e reclamações podem alterar o caminho de vida que você está seguindo agora. Ninguém pode pará-lo. Você é naturalmente mais positivo do que negativo, inclinado ao sucesso e nascido para prosperar. *Olé!*

Combatendo fantasmas

Procure não corrigir ou mudar os outros, principalmente os que o feriram. Não tente explicar os desvios de comportamento deles, nem tente "aprender a amá-los" – por mais que isso lhe pareça lindo. Você deve tentar manter-se distante deles. Somente assim haverá espaço para a cura, para o perdão e para descobrir novos amigos, ideias e aventuras.

Einstein disse que não se pode resolver um problema com a mesma mentalidade que o criou. O mesmo pode ser dito sobre pessoas e suas posturas mentais. Em vez de se emaranhar com o que já foi criado, desvie sua atenção e crie de novo.

O "não" nunca é para sempre. Você não deve dizer que nunca mais fará determinada coisa ou que nunca mais vai encontrar certa pessoa. Fazer isso não é fácil. E é normal que, às vezes, você se lembre de coisas boas e ruins de seu passado. Mas procure se esforçar para fazer o seu melhor; isso sempre será o suficiente. E deixe seu passado para seus biógrafos.

Como não ser especial

Aqueles que *nunca* sofreram abusos, agressões ou violações costumam acreditar que esses eventos não passam de desafios ordinários – afinal, *eles* e todos têm desafios. Já os que *foram* seriamente prejudicados por um evento como esse costumam criar a ilusão de que todos os demais têm uma vida "normal", quase livre de desafios, e não precisam lidar com as dúvidas e temores intensos que os atormentam. Isso geralmente leva a pessoa a uma falsa conclusão de que o evento negativo é a causa-raiz de todos os seus temores, inadequações ou dificuldades, complicando ainda mais sua angústia.

Mas se essas pessoas, que se sentem vítimas de um evento negativo, pudessem espiar o mundo sob a perspectiva de outras pessoas, ficariam surpresas ao descobrir que *todos têm questões comparáveis* às suas próprias, mesmo

> A chave para sua liberdade tem estado com você o tempo todo.

não tendo sofrido um evento de abuso, agressão ou violação. Não quero dizer que esses eventos não sejam horríveis ou incomuns. Também não discordo que eles mudam a vida de sua vítima, pois são ofensas graves. Mas uma vida sem desafios é algo que não existe. E se os desafios de uma pessoa são ou não visíveis aos outros, ou maiores ou menores do que outros possam ter experimentado, isso não muda o fato de que eles existem. Um evento que ocorre entre duas pessoas é uma criação conjunta; o que ocorre depois – suas reações ao que ocorreu e suas escolhas subsequentes – *é somente sua própria criação*. Descobrir por que ou como você foi envolvido em um determinado evento é menos importante do que aproveitar os ensinamentos proporcionados por ele. Qualquer acontecimento entre você e outra pessoa é uma grande chance de moldar deliberadamente sua vida daí para a frente.

Deixe a lenda começar

Isso é o que os mortos querem dizer àqueles que eles feriram. Eles sentem muito, mas você não precisa perder mais tempo com o passado por causa disso. Eles sentem muito pelas razões óbvias e também pelo que não é tão óbvio: desencorajar suas ideias, dar conselhos errados ou fazer você acreditar que é "normal" duvidar de si mesmo. Todos fazem isso. Todos, às vezes, sentem-se carentes, indesejados ou inadequados. *Todos têm problemas; eles são essenciais à grande aventura da vida,* inclusive os próprios desafios que você pode estar tendo agora, "penalizações" de uma violação prévia. Eles semeiam os sonhos que vão acontecer para que você supere estes mesmos problemas, colocando-se no papel de poderoso Criador. Você não é vulnerável; você é indomável. E você saberá disso, mais rápido e seguramente do que os que não foram abençoados com uma história tão desafiadora quanto a sua.

A chave para sua liberdade tem estado com você o tempo todo. Você é um gladiador que luta pelo amor e pela alegria, e que veio à Terra durante esses anos de formação para ajudar a espalhar pensamentos novos, descobrir formas de ajudar o próximo, compartilhar alguns sorrisos e ensinar os outros a viver plenamente, à medida que descobrem que são tão impressionantes quanto você.

As antigas crenças que foram outrora um conforto para você, pois ofereciam desculpas e explicações razoáveis, estão agora superadas. Elas foram descartadas, como o casulo que outrora protegeu a crisálida, que depois caiu para a borboleta emergir.

Crenças confortantes, mas limitadoras

1. O tempo é curto; eu posso ter apenas uma chance de fazer a coisa certa.

2. A oportunidade bate à porta apenas uma vez.

3. O primeiro pássaro consegue a minhoca.

4. Devo estar preparado para enfrentar o mal.

5. A sorte (ou sua ausência) é um componente incontrolável de nossa vida.

6. Não somos os únicos a controlar o nosso futuro.

7. A vida é um teste, depois dele morremos.

8. Existe gente ruim no mundo.

9. Coisas aleatórias e imprevisíveis acontecem em nossa vida.

10. Eu poderia ter ido mais longe se não fosse pelo que me aconteceu.

Crenças que são mais que confortantes

1. Tempo e espaço arrumam o palco para uma vida de criação.

2. A oportunidade nunca para de bater à porta.

3. Há minhocas suficientes para todos os pássaros.

4. Não há outro mal senão aquele que escolho ver.

5. Eu crio minha própria sorte e meu azar; meus pensamentos tornam-se coisas.

6. O Universo conspira a meu favor; ele quer para mim exatamente o que desejo.

7. A vida é parte de uma aventura sem fim.

8. Todos estão fazendo seu melhor e têm boas intenções.

9. Dentro de toda situação há significado, ordem, cura e amor.

10. Eu aprendo mais com tudo o que me acontece.

Descarte a culpa e prepare-se para decolar

Conforme sua compreensão invade seus sentidos cada vez mais, você depara com uma nova ironia:

O perdão somente é necessário quando antes existe culpa.

A segunda mentira precisa da primeira mentira. Retire a culpa, e a necessidade do perdão se torna questionável.

Culpar algo ou alguém significa que você não entende que é o próprio autor de sua realidade; isso pode impedi-lo de viver plenamente hoje e no futuro. Além disso, esse fato o impede de aceitar a responsabilidade de moldar o resto de sua vida. Afinal, se algo causou danos aleatoriamente em sua vida antes (e, por esse motivo, você se sente culpado), isso pode voltar a acontecer a qualquer momento! Quando há culpa, há uma crença de que coisas ruins podem acontecer a pessoas boas sem motivo. E *você não quer mais acreditar nisso*.

Mas o fato de a culpa e o perdão serem tão importantes no mundo de hoje não surpreende; as pessoas acreditam que as ilusões são reais e que as circunstâncias podem aleatoriamente levá-los à infortúnios. Mas não podem. Nada pode. Nem mesmo você pode. Os mortos gostariam que você passasse por cima de todo esse estado de perplexidade e aceitasse a responsabilidade por tudo. Então, com mais clareza e confiança, você também pode se dar conta de que todos são seus amigos, de que tudo contribui para seu crescimento e de que o céu é o limite para tudo o que você ainda pode alcançar.

Verificação da realidade

Caso você tenha sofrido traumas e violações, é bem possível que este capítulo lhe esteja sendo muito útil. E é provável também que você sinta dificuldades desgastantes quando pensa em qual caminho tomar a partir de agora. Antes de mais nada, lembre-se de que nada do que você leu aqui até agora isenta o agressor de culpa. Eventos negativos não são bons, e você não merece o que lhe aconteceu. E cada um de seus agressores irá um dia ter de se pôr na sua pele. Essas questões já foram abordadas anteriormente e, por serem importantes, serão abordadas novamente mais adiante. Mas, para manter o foco no tema deste capítulo, saiba que os que o feriram e já partiram sentem muito. Eles querem que você saiba isso. Eles querem que você volte a viver.

Eles querem que você saiba que é certo amar a vida, amar esse processo, amar a si mesmo e, sempre que possível, amar os que ainda lhe fazem mal, não porque eles merecem, *mas porque você merece*. É assim que você reivindica seu poder legítimo. Seus agressores do passado, do presente e do futuro estão perdidos em sua própria confusão e angústia. Eles não querem feri-lo. Eles estão em busca de alguma explicação acerca deste mundo que também os fere. Seus pensamentos anteriores – sejam eles de confusão ou amor –, aliados aos pensamentos deles, proporcionarão lições importantes a vocês. Você aprende o que lhe serve, e eles, o que serve para eles. Cada um de vocês tornou isso possível para o outro.

> Aqueles que o feriram sentem muito. Eles querem que você saiba disso. Eles querem que você volte a viver.

Amá-los não significa que você tenha de ficar com eles, curá-los ou mesmo dedicar-lhes parte de seu dia. Na verdade, amá-los pode significar dar queixa deles à polícia, encontrá-los no tribunal ou ensinar-lhes algumas lições, seja direta ou indiretamente. Em outras palavras, seus agressores, assim como você, estão fazendo o melhor que podem, e vocês estão apenas aprendendo o que dá certo e o que não dá.

Ótimo e ficando melhor ainda

A vida *não* se resume ao aprendizado de lições duras. Os últimos dois capítulos foram os mais duros. Os próximos serão mais fáceis e felizes. Foi você quem pediu, lembra-se? Nada de edições e cortes para deixar o conteúdo mais leve! Afinal, mesmo os capítulos mais duros, quando lidos atentamente, estão repletos de alegrias e possibilidades, que colocam velhas teorias desanimadoras de lado.

Você não escolheu ser a pessoa que é agora *apenas* para viver um ciclo sem significado por aqui. Você veio para descobrir, jogar, viver romances; para ter melhores amigos, segurar mãos e sussurrar segredos em ouvidos; para escalar picos, surfar ondas e apreciar noites estreladas. Você veio para abalar o *seu* pedaço, e não para recolher esmolas e migalhas. Você sabia de antemão que haveria situações que o fariam chorar, momentos que o desanimariam e pessoas que você gostaria de estrangular. Mas você também sabia que esses momentos seriam vastamente compensados por sua jornada, pelo poder que descobriria e pelo amor que compartilharia.

Você também sabia que não seria rodeado *apenas* por amigos adoráveis; você queria guias, ajudantes e mestres também. Você não queria aprender lentamente, você tinha urgência. Você é um ser de amor, e seres de amor atraem outros seres de amor. Contudo, dado que esses ainda são anos de formação no planeta, a maioria das pessoas não sabe ainda quem realmente é, nem como lidar com os poderes que tem. E para superar isso, vocês estão ajudando uns aos outros. E essa ajuda pode parecer estranha, às vezes: socos, mordidas, situações perigosas e assim por diante.

Sempre haverá leões, tigres e ursos por aí, mas quanto mais sábio você fica, menos eles aparecem. Eles chegarão com nomes como John, Pedro ou Lucas; Sue, Aiza ou Olga – e não virão por acaso. O sofrimento não é o preço que se paga pela grandeza. O bem não precisa vir acompanhado do mal. Às vezes, acontece um erro na criação, mas apenas porque estamos tentando criar juntos. Desafios não aparecem porque você está quebrado ou falido, mas sim porque você é grande e está tornando-se maior. E, finalmente, você não tem inimigos *reais*, mas sim amigos *reais*: gigantes espirituais que o amam tão profundamente que passariam toda uma vida agindo como tolos e ignorantes para ajudá-lo a descobrir quem você realmente é.

DE UM QUERIDO FALECIDO

Queridíssima Lauren

Não sei como começar... "Sinto muito" é pouco. Não dá nem para começar a considerar tudo o que você teve de aguentar.

"Obrigado" parece muito inapropriado, já que eu não recebi, e sim peguei.

Você me amava e apenas esperava ser amada de volta. Contudo, eu usei seu amor não apenas para atingir seu coração e sua vida, mas para explorar suas dúvidas e temores. Eu usei você contra você.

Lauren, por mais patético que isso possa parecer, eu não tinha ideia da profundidade de minha ignorância ou do caos que ela lhe trouxe e ainda traz. E pior: hoje vejo que, mesmo depois que parei de explorá-la, você continuou a se sentir culpada e a se odiar, acreditando erroneamente que o mundo era cruel e injusto – e isso a impediu de ver o amor, as possibilidades e a beleza que estiveram sempre em toda parte.

Eu pensava que a vida machucava a todos, certo? Que todos tinham de sofrer. Que se eu não a ferisse, alguém mais o faria. Que se eu não clamasse vitória, você o faria. E que, enquanto eu estivesse ferindo, não seria ferido.

Toda criança mentirosa é descoberta. Toda verdade também.

A ignorância é a praga dos tempos em que vivemos, é a raiz de todo ato mau. Mas aqui, neste jardim do Éden, onde a esperança brota eterna, todos pertencemos a Deus e nada é desperdiçado. Aqui, a ignorância é como uma frágil teia de aranha, que ora nos separa, ora nos une. Nessa teia, agressor e agredido estão juntos, trocam ensinamentos e, por meio de compaixão e entendimento, desenvolvem músculos, que são fortes o bastante para tirá-los dali. Então o amor emerge e as asas se abrem, elevando-nos para a luz.

É lindo aqui, Lauren. Por toda parte há amor. Paz. Aceitação. E, sobretudo, entendimento. Deus é tão grande. Estou relutante em lhe dizer porque certamente parecerá injusto, mas estou aprendendo a ser feliz. Verdadeiramente feliz. Tenho de tentar de novo. Viver de novo. Amar e ser amado de novo. Todos precisam disso. É isso o que importa. Os enganos são apenas passos em uma trilha que conduz a mais verdades e, portanto, a mais felicidades.

Sinto muita dor ao ver como pensava, como me comportava e o mal que lhe causei. Mas quero que saiba que maior que tudo isso é meu amor por você, maior do que você jamais imaginou. Maior do que quando nos encontramos pela primeira vez, maior do que suas maiores alturas terrenas. E maior agora porque me tornei mais humilde ao ver a grandeza que há em você. Se não fosse por você, eu ainda estaria perdido.

Por favor, Lauren, você ainda tem tempo. Você é mais forte do que pensa. Veja o amor, as possibilidades e a beleza novamente. Está tudo ao seu redor. Você ainda tem tudo o que precisa dentro de você para criar tudo o que você quer no mundo. É por tudo isso que você ainda está aí.

Sinto muito. Obrigado. Vou amá-la para sempre,
Jackson

Você lutou para tornar-se sábio

As pessoas aparecem em sua vida por meio de uma atração invisível, mediante sua tácita aprovação. Elas têm o mesmo foco, as mesmas crenças e a mesma vibração que você. Ou então, qualidades complementares. Elss precisam de você para cumprir suas "profecias" tanto quanto você precisa delas para as suas. Elas se tornarão mestres, não porque são sábias, mas porque você quer buscar sabedoria. Perdoe os outros como você perdoaria a si mesmo. Ou melhor, entenda os outros e liberte-se para criar o melhor de sua vida. Você apenas precisa concordar. E isso é a próxima "coisa" que os mortos querem lhe dizer.

CAPÍTULO 6

SEUS SONHOS PODEM REALMENTE SE REALIZAR

Agora que você já está ficando especialista em deduzir a verdade, pense nisso: se a vida fosse apenas sobrevivência, então como você explicaria a imaginação? Se a vida fosse apenas sacrifício, então como você explicaria o desejo? Se a vida fosse apenas pensamento e reflexão, então como você explicaria o mundo físico? Boas perguntas, não?

Além disso, se você *é* a visão e a audição de Deus, por que não sonhar com um mundo como Pandora, do filme *Avatar*? Um lugar repleto de aventura e excitação, cheio de harmonia e amor, onde você pode se comunicar com os animais e se unir ao planeta por meio do aprendizado da arte da mente sobre a matéria? *Você sonharia com isso! Sonharia mesmo!*

Bem-vindo ao lar! Planeta Terra! Excelente! Este é, sem dúvida, o lugar mais divertido deste pedaço do Universo. Com cem milhões de diferentes espécies habitando o ar, a terra e o mar, cada uma com seus traços e características interessantíssimas. E no meio de tudo isso está você, topo de sua "cadeia alimentar", dominante em seu território, repleto de sonhos que o ajudam a lembrar do que é possível, do quão longe você pode ir e de tudo o que você pode ser, fazer e ter.

Você não vê que nesse local perfeito, nesse oásis iluminado por estrelas, que *você* imaginou,

> Vá em frente, queira tudo. É para isso que você está aqui.

projetou e construiu, *tudo contribui para que você seja bem-sucedido*? Que a saúde, os amigos, sua evolução, tudo caminha para o bem? Você notou que, quando sai em busca de alguma coisa, geralmente consegue em nove de cada dez tentativas? E que quando não consegue, aprende muito de qualquer forma? Meu querido leitor, aqueles que partiram conseguem ver muito melhor que nossos sonhos realmente podem se realizar – e *saber disso* pode fazer toda a diferença.

A ignorância já foi uma bênção...

Mesmo sendo um ignorante espiritual devido à perspectiva limitada que a vida neste planeta lhe oferece – adorando ídolos, orando com indagações, falando com Deus como se "Ele" decidisse coisas, pensando que objetos podem depender de sua imaginação – *você ainda consegue sobreviver!*

Há "apenas" duzentos anos, uma casa moderna em Nova York tinha um andar, dois quartos, paredes de tábuas de madeira, um telhado confiável e um cômodo anexo. Hoje, ela parece mais com um pequeno palácio no centésimo andar de um arranha-céu, forrado de mármore, vidro e bambu, com amenidades inconcebíveis há apenas uma década.

Há "apenas" cem anos, quase todos acreditavam que voar era para os pássaros, mas hoje temos estações espaciais.

E há dez anos, as pessoas estavam usando o MySpace.

Não é a toa que a frase "sonhos se realizam" é conhecida e usada em todo o mundo: ela está nas suas histórias, na vida das pessoas que as rodeiam e até mesmo na filosofia de admiramos. Estamos neste tempo e espaço para prosperar. Estamos destinados a isso. E fica inevitável quando você *sabe, realmente sabe, que isso é verdade!*

Pensamento positivo? *Sério?*

Em sua própria vida, você sorriu mais do que franziu a testa, certo? Riu mais do que chorou? Teve mais certezas do que confusões? Teve mais amigos do que solidão? Mais saúde que doença? Mais dinheiro do que dívida? Um dos temas recorrentes neste livro é que você está *propenso a ser bem-sucedido*, e neste capítulo você vai começar a entender como e por quê. Isso não é apenas uma maneira de olhar a vida, é a sua realidade.

Vá em frente, queira tudo. É para isso que você está aqui.

Você impressiona

Apesar de a maioria das pessoas ainda estar no escuro e acreditar em sina, sorte e carma como fatores decisivos em suas jornadas por meio da vida, o sucesso, a saúde e a alegria são ainda os fatores principais. E o progresso acontece continuamente. Mas por que não ver o óbvio? Porque, até que elas estejam prontas para ver a verdade, elas não a verão. Não importa a evidência. Atualmente, a grande maioria ainda prefere acreditar que "a vida é dura e que as pessoas são más", já que é isso que atrai sua atenção, mesmo sendo exceção à regra. Entretanto, a propensão da consciência "crescer, prosperar e tornar-se maior" é tão forte que as pessoas acabam triunfando, apesar delas.

Os "mortos" querem lhe dizer que você nasceu para elevar-se, para alcançar seus objetivos e crescer. E isso não é uma mensagem qualquer. Isso faz parte de sua própria natureza, assim como comer, beber e se multiplicar. É uma imensa parte de sua aventura aqui. Agitar sua vida! Sonhos proporcionam aventuras que contêm desafios que tornam o crescimento possível. Desafios, novamente, não são sinal de fraqueza, mas uma confirmação de que seu sonho é digno de você. Os desafios são temporários, as lições eternas.

Vibre, suba, decole

Você consegue imaginar as possibilidades para alguém que compreende a sua propensão a triunfar e o mecanismo para fazê-lo? Você consegue ver o caminho que as coisas vão tomar? Você está pronto? Você está motivado? Já sofreu, lamentou, sangrou, suou e chorou o suficiente? Você consegue perceber como os erros do passado, a despeito de sua dor, pavimentam o caminho e tornam possível esse despertar que você está prestes a vivenciar?

Depois que você abre os olhos e se livra das crenças, enxerga tudo o que sempre esteve lá: que seu rico planeta tem o bastante para todos os que o habitam, que as oportunidades brotam eternamente, e que, de fato, há minhocas suficientes para todos os pássaros! Também percebe que a vida é fácil, que as pessoas são incríveis, e, se você não gosta do que tem, de onde vive, ou do que faz da vida, você pode mudar. Você nota que já está no círculo dos vencedores, uma vez que basta viver nas selvas para pertencer a elas. E que quaisquer dívidas que tenham existido já foram pagas há muito tempo. Aqui, agora, hoje, você é empurrado para a grandeza a cada momento. O sistema é manipulado a seu favor – é tempo de despertar e viver.

Seus pensamentos são mais do que pequenas e confusas ideias. Eles perpetuam a vida como você a conhece; eles moldam o tempo e o espaço; são partículas de Deus, unificadas por uma inteligência própria. Assim como a água evapora sob condições propícias, assim como o fogo arde e os continentes se deslocam, seus pensamentos procuram se transformar em objetos, eventos e pessoas, preenchendo os moldes criados pela sua imaginação com as coisas que ele produz. Você trabalha com seus pensamentos, e eles trabalham para você! Dessa forma, você pode ter o que quiser.

> Imagine que você *já* conseguiu, realizou e se tornou tudo aquilo que deseja. Não imagine *como*.

Felizmente, cada um consegue pensar da forma que mais lhe agrada; e, para melhorar, os pensamentos "positivos" são muito mais propensos a se manifestar do que os "negativos". *Entenda isso!* Sua vida é a prova disso, como acabamos de ver. E é por esse motivo que, muitas vezes, você se preocupa em excesso, foca em coisas desnecessárias e, ainda assim, realiza mais sonhos do que pesadelos. Você é uma onda de amor e alegria se movimentando pela eternidade, o sobrenatural e o ilimitado; e agora está passando por este tempo e espaço apenas para checar como estão as coisas. Nada pode mudar quem você realmente é, nem um dia, semana ou ano ruim; nenhum contratempo, coração partido ou violação. Você vai vibrar, subir e decolar – é a sua natureza. Não há "talvez", "incerto" ou "assim espero". Ninguém pode pará-lo. Você ama a diversão, nasceu para triunfar, é pura energia eterna de Deus. Isso é o que os "mortos" querem que você saiba. Assim, você pode fazer o que veio fazer: viver sua vida com absoluta plenitude.

A mecânica miraculosa da manifestação

Há, *é claro*, passos que quase todas as manifestações físicas devem dar. Esses passos fazem parte de uma mecânica, e seu início acontece quando identificamos quais são eles. Conseguir resultados bons e consistentes requer prática. É muito importante saber que você nunca está sozinho. Você tem um Universo repleto de experiências e princípios para apoiá-lo – não por acaso, mas por desígnio –, e ele não é neutro, ele está alinhado com seus interesses e trabalhando a seu favor. Você está nele; você é adorado; você é Deus tornando-se mais, pronto para triunfar alegremente.

Fazer mudanças é a parte fácil do trabalho. Apenas dois passos são necessários para desencadear energias e leis metafísicas, gerando o que as pessoas chamam de milagre, sorte, destino, intervenção divina, coincidência e coisas do tipo. E, se você dá esses dois passos, e continua os dando até que apareçam os resultados, evitando tropeços nas etapas seguintes, chega inevitavelmente a seu objetivo. Mas você *tem de* dar esses dois passos, mesmo que possa *parecer* que você está sozinho, que nada está acontecendo e que as probabilidades estão todas contra você.

Passo 1: Defina o que você quer em termos do resultado final.

Mentalmente, imagine que você *já* conseguiu, realizou e se tornou tudo o que deseja. Não imagine *como*. Não se preocupe com a logística. Não veja o processo; imagine-o completo.

Passo 2: Faça pelo menos um movimento a cada dia em direção ao seu sonho.

Fisicamente, da forma que for possível, faça algo. São como passos de bebê. *Sempre* parecem fúteis. Você pode estar sonhando com champanhe e caviar, mas ainda tem de tomar o ônibus para sua entrevista no centro comercial. Faça-o mesmo assim. Não importa que você não tenha certeza de que aquilo vai colocá-lo no caminho certo; é até provável que não. Mas faça-o mesmo assim. E se você não tem a menor ideia de onde aquilo o está levando, não se preocupe, pelo menos você está indo em *alguma* direção.

Seus pensamentos têm energia e força própria. Eles influenciam os cenários, pessoas e circunstâncias de sua vida, manipulando tudo, como marionetes, e gerando assim o que chamamos de acidentes, coincidências e casualidades da vida. Eles o levam a um mundo que decisiva, gradual e continuamente reflete o que você pensa. Contudo, se você ficar em casa, sentado em seu sofá com um controle remoto, trocando os canais da televisão, não ocorrerão acidentes, coincidências e casualidades em sua vida. É por essa razão que você deve agir fisicamente sobre seus sonhos, não necessariamente de forma decisiva a todo instante, mas buscando sempre participar da magia da vida. Pouco importa o que você faz especificamente; o que importa é que você fez alguma coisa e, assim, um mundo de novas possibilidades é trazido a você.

Como navegação GPS

Talvez você possa ver isso ainda melhor por meio da metáfora da navegação GPS. O GPS está instalado em carros e smartphones e funciona exatamente da mesma maneira como os sonhos se realizam.

Passo 1: Dê ao aparelho o seu *destino* (resultado final).

O aparelho já sabe onde você está. Assim que você lhe dá o seu destino final, o GPS descobre *uma forma* de levá-lo até lá! De fato, em uma fração de segundo ele considera *todos* os caminhos e rodovias disponíveis para você. Ele considera limites de velocidade, semáforos e até mesmo interdições. E, espantosamente, em uma fração de segundo, ele descobre a rota mais curta, rápida e feliz! Mas observe: ele não começa a "falar" com você até você dar o Passo 2.

Passo 2: Dê a partida no seu carro (e acelere).

Se você não dá a partida no seu carro, o sistema *não vai ajudá-lo*! Se seu carro permanece em ponto morto, você, na verdade, está dizendo ao GPS: "Não. Agora não. Não estou pronto". Embora você não perceba que está dizendo isso a ele, a ajuda não virá. Falar qual é o destino desejado e não deixar o sistema levá-lo até ele é uma grande contradição. É o mesmo que ter sonhos na vida e não agir constantemente para alcançá-los. No carro, uma vez que você dá a partida, o sistema todo está em ação, acompanhando seu progresso, reorientando-o quando necessário, "levando-o pela mão" até o seu destino. Caso você erre o caminho por ter se distraído com um pensamento ou com a música do rádio, há sempre a possibilidade de refazer a rota ou encontrar um retorno e recomeçar de onde errou. Mas se você estiver parado, não há orientação ou correção, seja com seu carro, seja com sua vida.

Os milagres do progresso são invisíveis

Os milagres do progresso são quase sempre invisíveis, mas isso não significa que eles não estão acontecendo.

Quando você se dispõe a mudar sua vida – ou, para aproveitar nossa última metáfora, embarca em uma viagem guiado pelo GPS, para um destino desconhecido, à três horas de onde você está –, em que momento da jornada fica claro que cada rota utilizada estava de fato perfeita e miraculosamente correta?

Só no final!

Imagine então que, depois de viajar por duas horas e cinquenta e cinco minutos, você tenha uma crise de descrença e comece a pensar: "Não, isso não está funcionando para mim... Funciona para todo mundo, menos para mim... Acho que vou voltar para casa e estudar novamente as lições do *O segredo*". Não faça isso! Isso *funciona* para você! *Sempre* funciona para você! A cada dia você chega mais perto; a cada dia fica mais fácil! Tome essas conclusões como seu *modus operandi*, para sempre, em cada jornada. Assim que você reclama e acredita que isso não está funcionando, tudo de fato para de funcionar! Assim que você reclama e diz que é muito duro, tudo de fato torna-se duro. O Universo, seu eu maior, o está ouvindo. Ele influencia seus resultados finais. Ele não julga. Ele apenas responde. Você não pode afirmar: "Vou ser um *rock star*"; e no dia seguinte dizer: "Não está funcionando". Esses dois "resultados finais" opostos entram em colisão e, possivelmente, cancelam um ao outro. Sim, você ainda estará propenso a ser bem-sucedido, mas tais atitudes tornam o caminho mais difícil que o necessário. Às vezes, uma simples mudança de perspectivas e palavras podem trabalhar poderosamente a seu favor.

As nuances

Assim como rodas não rolam morro acima e fogueiras não aumentam na madeira molhada, os sonhos dificilmente acontecem sob determinadas condições, tais como:

1. Caminhos específicos (o famigerado "como").

2. Pessoas específicas (o famigerado "quem").

3. Detalhes específicos.

Caminhos específicos

Você, eventualmente, será bem-sucedido, mas insistir em um único caminho específico para buscar seu sonho significa ficar estagnado no famigerado "como". Você põe o peso do mundo sobre os ombros, criando estresse, forjando preocupação e, pior, limitando o seu outrora ilimitado Universo. Um Universo que está rastreando todos os seus sessenta mil pensamentos diários, além daqueles de sete bilhões de outras pessoas. E assim como você, todos esses outros pensadores estão dispostos a mudar de ideia e rearranjar suas prioridades de vida; todos têm dezenas ou centenas de outros sonhos e desejos, que também são acrescentados à equação a cada novo segundo, mudando-o fisicamente. O Universo, portanto, precisa de flexibilidade e liberdade, já que progride em uma pista repleta de obstáculos e cheia de regras, que mudam o tempo todo. Portanto, quando você diz: "Vou ficar rico com este livro que vou escrever", você fecha a porta de todos os outros meios possíveis de se fazer fortuna. Isso não quer dizer que você deva desistir de seu plano, mas quando você vê X como o único meio de ter Y, *reduz infinitamente* seus caminhos para o sucesso.

Pessoas específicas

Mais uma vez, *você, eventualmente, será bem-sucedido*, mas não pode fazer pessoas específicas se comportarem de maneiras específicas, a menos que elas queiram. Qualquer pessoa: seu parceiro romântico, seu sócio nos negócios, clientes, fregueses, filhos, pais, empregadores ou empregados. Assim como você, eles têm uma proteção natural. A vida, as opções e o poder de cada um não podem ser infringidos, por mais que o contrário possa frequentemente parecer.

Isso, de maneira alguma, impede que essas pessoas próximas de você sejam incríveis e maravilhosas. Mas você não pode dizer a elas como elas devem ser. Simplesmente isso. Deixe isso para a *inteligência divina*, que conhece todas as combinações possíveis.

Quando você é pai ou lidera pessoas em seu trabalho, tem a responsabilidade de orientar o comportamento de pessoas específicas, que precisam e querem sua orientação. Mas, mesmo que você trabalhe duro para que elas se comportem como você quer, nada garante que elas o farão. Saiba disso e não deposite a responsabilidade de sua felicidade sobre as escolhas delas.

Detalhes específicos

Detalhes são detalhes. Não importa se são divertidos, interessantes e estimulantes, eles são todos sem importância. Isso não significa que sua vida não estará sempre cheia deles ou que eles não o emocionem ou excitem. Mas, quando você insiste em se apegar a algum detalhe específico, seja ou não parte de um quadro maior, provavelmente haverá estresse, limitação e talvez amargo desapontamento. Primeiro, compreenda que detalhes específicos são pouco importantes para a formação de seu ser. Segundo, saiba que, se esses detalhes estão muito entrelaçados com caminhos específicos e pessoas específicas, eles podem, de modo semelhante, comprometer a manifestação toda.

Assim como com "caminhos" e "pessoas" específicas, nos "detalhes" específicos *você, eventualmente, será bem-sucedido*. Especialmente se o detalhe que você busca é fácil de conseguir, como rosas vermelhas ou um modelo específico de automóvel. Mas quando o detalhe é "aquela" casa "naquela" colina ou uma medalha de ouro nas próximas Olimpíadas, fica mais difícil. Afinal, muita gente quer a mesma coisa, e muitos estão dispostos a colocar a felicidade de lado até consegui-la. Não há necessidade de dar importância a itens raros e difíceis *quando o que você realmente quer é mais felicidade, mais saúde, mais amor e mais abundância daquilo que já existe para todos.*

Tentar controlar seus grandes sucessos por meio do gerenciamento de pequenos detalhes vai fazer que você fique, assim como no "famigerado como", estagnado. Deixe-os de lado. Seu cérebro não é grande o suficiente para cuidar de tudo isso. Sim, os detalhes chamam a atenção – e você deve pensar neles, visualizá-los e até amá-los –, *mas não insista ou se apegue a eles*. Isso não é difícil de fazer. Deixe espaço para que coisas melhores apareçam. Deixe seus resultados finais serem felicidade, saúde, prosperidade e outras ambições que têm implicações significativas para o "tempo de sua vida". Coisas pequenas, muitas vezes, aparecem e se resolvem por elas mesmas.

Veja um exemplo de como você pode aproveitar as nuances sem se apegar a elas:

Imagine que você está dirigindo seu novo BMW vermelho, na companhia de seu parceiro romântico, com uma dúzia de rosas amarelas no banco de trás, a caminho do aeroporto de Los Angeles, para voar de primeira classe para o aeroporto de Heathrow em Londres, onde você irá iniciar uma viagem ao redor do mundo, para celebrar a inauguração de sucesso de mais uma fábrica de sua empresa. Mas mesmo que o "carro com GPS" de sua vida esteja progredindo muito bem, e você agindo constantemente, não ignore outras possibilidades. Permaneça aberto. Bata em portas. Escreva seu livro, volte à escola, envie seu currículo, tente vender imóveis, cadastre-se em um site de relacionamentos, e nunca deixe de estar disponível para as magias e os milagres da vida, nunca deixe de levar em conta forças, gostos e preferências a cada passo do caminho.

Afinal de contas, o BMW vermelho, seu grande amor e a viagem para Londres poderiam muito bem ser outro carro, outra pessoa e outro lugar. Os detalhes devem apenas empolgá-lo em relação aos resultados finais. Eles não devem ser os resultados finais. Apegue-se ao que realmente importa, sua excitante nova vida, e aproveite tudo o que nela aparecer.

Resista à tentação de morder a maçã do Jardim do Éden, pois ela não passa de uma metáfora, que diz que as ilusões do tempo, espaço e matéria são mais reais do que o que as originou. Não prove do fruto proibido achando que você precisa manipular caminhos, pessoas e detalhes para conseguir o que quer. Em vez disso, vá direto à fonte de tudo: sua imaginação.

Você tem sido enganado – por seus sentidos físicos

A esta altura você pode provavelmente entender que, se alguém acredita que "a vida é dura e as pessoas são más", isso é um resultado não desejado de suas próprias ações, Passo 1. Não é que eles *querem* que o mundo seja do jeito que eles acreditam que é, mas desejo ou aversão isoladamente não determinam uma manifestação. O que importa é que os pensamentos são pensamentos e então, Passo 2, eles se concretizam.

Concretizar resultados finais não significa sair por aí tentando fazer que as coisas aconteçam. Às vezes, um comportamento colateral pode colaborar para o surgimento de uma manifestação. Se você acredita que a vida é dura e as pessoas são más, seu comportamento colateral pode ser o de fazer estoques, trancar portas, proteger seu coração e assim por diante. E, embora tais precauções pareçam combater o "mal", elas, na realidade, convidam-no, em termos de energia. "O pensamento de um homem dita seu comportamento". A energia e o senso de expectativa aumentam de maneira gradual e eventualmente esses pensamentos se tornam coisas. Depois do surgimento dessa manifestação, você continua a pensar e a se comportar da mesma forma, cada vez mais, dando origem a um ciclo.

Assim, todas as vezes que você se aventurar no mundo, haverá movimentações de energia que vão comprovar que tudo é "duro e mau". Mesmo que você realize importantes mudanças na vida – um novo emprego, mudança de casa ou qualquer outra coisa –, se você mantiver a mesma visão de mundo "duro e mau", isso vai sempre segui-lo. Circunstâncias inoportunas e pessoas difíceis serão, de forma invisível e constante, atraídas por você, e você vai perceber que essa "má sorte" é a prova concreta de que "a vida é dura e as pessoas são más"!

A menos que você seja extremamente observador e analítico, serão necessárias muitas decepções e uma crescente percepção de que nem todo mundo vive as mesmas situações que você, para que, enfim, comece a entender que quem atrai tais

> **Seus sonhos são seus por uma razão: fazê-los se realizar.**

infortúnios é você mesmo (apesar de *ser uma pessoa realmente ótima*!). Mas depois de sentirem-se tristes e perdidos por um longo período, todos, inclusive os mais teimosos e lentos, vão começar a se perguntar: *O que realmente está se passando aqui?* Logo, a gradual percepção de que elas próprias – seus pensamentos, sua imaginação, suas preces (*pensar e falar sobre* o que elas querem e não querem), suas preocupações, suas expectativas e crenças – podem ser a fonte de suas experiências negativas aparece. E que, portanto, se elas querem mudar, elas devem começar com si mesmas, reconsiderando o que pensam, acreditam e esperam – *mesmo que, no início, o mundo pareça mostrar o tempo todo que o que elas pensavam é que está correto.*

A única variável da vida

Qualquer vida é composta por uma série de jornadas, e cada jornada é estimulada por sonhos que, por sua vez, colocam-no em um mundo repleto de coisas e circunstâncias que originam emoções. Você não tem controle sobre quem você é, o que pensa, o que cria e que jornadas terá. Mas pode selecionar e escolher seus pensamentos, e assim seu destino, influenciando sua jornada, conseguindo tudo o que lhe faz bem e evitando o que não faz.

O que faz de você a pessoa que é resume-se no que você pensa. É isso que vai definir tudo o que você sente. Chame seus pensamentos de "decisões", ou "palavras", ou "ações", ou "intenções": é a mesma coisa. Pensar é tudo o que há; é a única variável da vida. Você tem a escolha de intencionalmente moldar a sua jornada ou moldá-la sem querer. Você pode escolher dirigir o navio que possui seu coração ou deixá-lo ser levado pela correnteza do mar.

Dance sua dança

Siga seu coração. Esse é o seu propósito. Você tem desejos. Escolha trazê-los para a vida. Seus sonhos são seus para que você os realize.

Dance no seu próprio ritmo. Todo dia. Quanto mais cedo você começar, mais cedo descobrirá seu papel nessa coreografia que conta com sete bilhões de outros dançarinos. E, enquanto você escolhe seus sonhos e aprende seus movimentos, lembre-se de que, para cada pequeno passo dado, aumentam exponencialmente as chances de o Universo atingi-lo de forma rápida e agradável. Todo dia mexa-se, aja, saia, mesmo quando – especialmente quando – você não sabe o que fazer, ou como seu sonho vai se realizar. Você não tem que saber como. Faça qualquer coisa. O Universo o atingirá, pontos serão conectados, e a vida na Terra será como a vida no céu.

DE UM QUERIDO FALECIDO

Bobbi, Julie, Timmy!!!
Estou aqui!! É a mamãe!!
Meu Deus, eu desisti de tentar falar com vocês – vocês simplesmente me ignoram. Então decidi escrever.
Vocês não acreditariam nos lugares por onde passei. Viagem no tempo, viagem no espaço, chamem como quiserem. Desde que caí do telhado, muitas coisas estranhas aconteceram. É como um sonho longo, esquisito, mas faz sentido... e minhas rugas se

foram! Alguns novos amigos me dizem que estou morta, mas não deixo que isso me incomode. Geralmente, eles são muito legais. Na verdade, eles é que são os estranhos aqui. Ficam me chamando de "morta". Vocês acreditam nisso?

Tenho visto a vovó e o vovô. Eles estão jovens de novo! A tatuagem no bumbum da mamãe sumiu, e agora ela nada todo dia. Papai está surfando ondas monstruosas. Conversamos muito sobre as pirâmides e como foram construídas, sobre Atlântida e como ela afundou, e também aprendi muito sobre a vida das formigas...

Assisti ao filme de minha vida! Minha nossa! Chocante! Revivi minha infância... vi cada um de vocês nascendo... vi papai indo para Vegas em vez de ir para Denver... e... bem, de todo modo eu já sabia... eu vi Richie fazer coisas realmente más em nome de coisas realmente boas. Mas a mensagem que pude perceber claramente é que toda realização, toda meta alcançada, todo sonho realizado eram, de certa forma, pensados ou imaginados de antemão. E estou me referindo a tudo – coisas ruins também. Eu não havia percebido essa conexão antes, mas agora tudo é incrivelmente óbvio!

Às vezes, é claro, acontecem coisas que não são imaginadas de antemão, mas isso serve para alinhar a vida de alguém aos seus pensamentos correspondentes. Aqui, eles chamam isso de MERs (Momentos Escada Rolante). Alguns são agradáveis e alguns não são, mas todos estão baseados em outros pensamentos dessas próprias pessoas.

Outras vezes, coisas que as pessoas pensam não acontecem, mesmo que elas estejam pensando nisso o tempo todo. Isso ocorre porque outros pensamentos entraram na frente e se tornaram coisas antes. PTC (Pensamentos Tornam-se Coisas) – uau!

Ah, e a melhor parte... qualquer um pode ter absolutamente qualquer coisa. Qualquer coisa! Engraçado como sempre nos foi dito que o sucesso requer sacrifício, investimento, sorte, oportunidade e que "não é o que você conhece, é quem você conhece". Rs! Achei difícil acreditar em como fomos tão ingênuos. Olhem para as pessoas de sucesso que conseguiram tudo o que sempre sonhei! Ora, no que eu estava pensando?

A única coisa que as pessoas de sucesso têm em comum é que elas sonharam com o sucesso. Elas imaginaram-no. Acharam que era possível. Fizeram algo para buscar seus sonhos. E, na maioria das vezes, nem se trata de trabalhar duro. Caminhe devagar ou vá aos trancos e barrancos. Uma hora você chega lá! Você vê todas aquelas pessoas ricas! Não há nenhum gênio inigualável entre elas! Não há conexão entre a riqueza e a inteligência – zero! Olhem só para as pessoas que têm dinheiro! Também não há conexão entre felicidade e credo, história, etnia ou pedigree. Pessoas felizes têm pensamentos felizes! Custa muito pouco. Elas focam no que gostam, em vez de focar no que as incomoda; no que funciona, em vez de no que não funciona; e então elas atraem e recebem mais coisas para ser felizes! Assim como pessoas que focam em seus ganhos e não em suas despesas começam a criar mais ganhos, e as que fazem o oposto conseguem o oposto. Ora! Assim como pessoas que focam na saúde e não na doença, no amor e não no ódio, em viajar em vez de ficar em casa, todas conseguem o que querem – sempre funciona.

Bem, meus caros, se vocês não responderem a esta carta, não sei o que mais posso fazer. Admito que sinto falta do café e do nascer do sol. Este lugar tem tudo, mas não é como estar com vocês. Sinto falta de como as coisas eram. Talvez eu, realmente, esteja morta, e não tenha apenas partido temporariamente... talvez... eu possa voltar... talvez se eu pensar mais sobre isso... talvez se eu imaginar... talvez...!!!

De qualquer modo, amo vocês eternamente...

Sua mãe para sempre.

Ainda é sua vez

É isso mesmo! Você esperou milênios por isso! Agora está aqui! Não importa o que você quer ou como quer (salvo as nuances das quais acabamos de falar), você pode ter! Não peça uma coisa; agradeça as outras muitas que vieram. Não deseje e espere; declare e crie! Caso não saiba, um dia saberá: o mundo inteiro rodopia na palma de sua mão. Sim, há outras coisas importantes em uma vida livre – amigos, sentimentos, coisas singelas –, mas, quando você sabe a verdade, a vida livre é seu ingresso para novos caminhos, sejam eles suaves ou acidentados. Você vai esbanjar saúde, vivendo confortável e criativamente, tanto emocional como materialmente. É isso o que os mortos querem que você saiba sobre sua vida agora; e isso contribuirá para sua imponente volta ao lar, onde todos vão compartilhar histórias de quem deu a volta por cima. E, por falar de imponente volta ao lar, dê uma olhada na próxima coisa que os mortos querem dizer a você.

CAPÍTULO 7

O "CÉU" VAI DEIXÁ-LO BOQUIABERTO!

Sabe aquela luz branca que você ouviu dizer que as pessoas veem em suas experiências de quase morte? É o amor. Visto por olhos "cansados". Você sente que ela emana a partir de certa inteligência, e que de algum modo misterioso, ela também é essa inteligência. Você percebe que ela o conhece muito melhor do que você conhece a si mesmo; ela o compreende; ela o adora. Como um pai infinitamente amoroso.

> Essa luz branca é o mais próximo de Deus que qualquer um de nós pode chegar *antes de finalmente saber que somos Deus*.

Esse reconhecimento representa o "Céu". Você também descobre que foram suas incompreensões que criaram a desconexão na vida que você acabou de deixar, impedindo-o de sentir a verdade que estava ali o tempo todo. Essa luz branca é o mais próximo de Deus que qualquer um de nós pode chegar *antes de saber finalmente que somos Deus*. Diante dessa luz, você irá se maravilhar, com revelação após revelação, em êxtase total, e então vai se perguntar como teria sido sua vida se tivesse sempre sabido:

- o quão importante você era;
- o quão poderoso você era; e
- que não havia enganos.

E por estar lendo isso agora, você terá a chance de descobrir as respostas.

Como você é importante

Você é incrível. Você vê coisas que ninguém mais jamais verá. Você ouve coisas que ninguém mais jamais ouvirá. Você foi e irá aonde ninguém mais jamais irá. E, sobretudo, você pensa e, desse modo, sente coisas que ninguém mais jamais sentirá. Isso é quem você é. Isso é *por que* você é. E isso é o que você tem a oferecer para as mais importantes entidades do Universo. E, para isso, tudo o que você precisa fazer é ser você mesmo. Assim, você cria o que ninguém tem, o que ninguém jamais irá criar. Você é a face de Deus como nunca antes vista.

Você é adorado? Sim, não pode imaginar quanto. Querido? Sim, e mais a cada momento, em uma progressão constante. E isso é o que você começa a sentir no momento em que você chega.

Enquanto "vivas", a maioria das pessoas mede o que elas são pelo que elas não são. Não espere até morrer para ver toda a verdade. Ninguém pode ser todo mundo. Ninguém jamais terá tudo. De tudo o que Deus é, você é apenas uma pequena fração, o que significa que, se você for procurar pelo que não é, você sempre vai encontrar algo. A questão não é descobrir o que você não é, mas o que você é: uma coleção de traços, características, inclinações, desejos, covinhas, sardas e muitas outras coisas que vão se agregando à medida que você se expande. Isso cria uma incrível janela, através da qual Deus (não com sua ajuda, mas *sendo você*), observa e comanda a criação e os elementos, divertindo-se a cada novo acontecimento.

Você é único. Você é *insubstituível*. Uma obra-prima, um pequeno pedaço do Divino, absoluto e autossuficiente. *Você* é um sonho realizado, a primeira e última chance de Deus de ser você, exatamente como você é agora. *Desfrute*; isso é tudo o que você precisa fazer. E, mesmo desfrutando da vida, sem grandes preocupações, saiba que você será admirado, honrado e celebrado por anjos e seguidores em outro plano. Agora mesmo, enquanto você lê estas palavras, você é mais importante do que pode imaginar.

Como você é poderoso

Assim que você chega, começa a ver, assim como os outros que chegaram antes, que a vida que você conhecia era um sonho e que esse "novo lugar" é o lugar onde você estava enquanto sonhava. E que, como o sonhador, você foi sempre maior do que seu sonho; e, apesar de você pensar que a vida acontecia para você, na verdade, você acontecia para a vida. Você veio primeiro. Você era a razão de o sol nascer a cada dia.

A morte será o portal para que você fique ainda mais "vivo" do que é hoje. A sua noção de realidade cresce exponencialmente, incluindo passado, presente e futuro. Você descobre que há terras paralelas, cada uma com uma versão diferente de você mesmo, cada uma com suas encruzilhadas, que foram definidas e estabelecidas depois de muita reflexão em sua antiga vida – e, em muitos casos, um universo paralelo foi criado e você seguiu simultaneamente dois caminhos diferentes, cada versão de "você" pensando que era única.

Você verá que essa "divisão" ocorreu durante toda sua vida, em *todas as* encruzilhadas, pequenas e grandes, em que decisões tiveram de ser tomadas. As encruzilhadas menores, em geral encontravam-se e se juntavam de novo, mas as maiores, com frequência, levavam-no a experiências amplamente diferentes, vidas muito diferentes, carreiras diversas, parceiros, filhos, lições, descobertas, tudo diferente.

E você está em todas as versões de realidade, bem no centro. Com pensamentos, crenças e esperanças. Você vive vidas dentro de muitas vidas. Centenas ou milhares de vidas. E cada encarnação é você... mas perceba que isso é diferente de sua interpretação típica de reencarnação, que acontece "depois" de uma vida.

Surpreendentemente, *tudo isso é gerado por você! Você sabe disso! Faz sentido!*

As unidades que você usa hoje, em meio às ilusões, para medir poder ou potência – *volts*, torque, cavalos, empuxo etc. – não podem ser utilizadas para medir o poder espiritual. Cada homem, mulher e criança nesse novo mundo é capaz, literalmente, de mover montanhas, apenas com palavras... pode acreditar. E um dia você também poderá.

O reino vem

Sua capacidade é maior do que você poderia imaginar enquanto estava no tempo e espaço. Sua história é bem mais rica.

Suas pessoas, mais incríveis. E seu poder espiritual, que hoje descansa dentro de você, é maior do que seu cérebro pode compreender – mas isso não o limita. Você ficará impressionado com o que já fez e com o que vem por aí, tudo devido ao seu tempo *no espaço*. Ao vislumbrar os acontecimentos de sua vida recente, você verá como as ilusões – matéria e circunstâncias – favoreciam seus planos, suas fantasias, suas ideias e seus temores. Que você arranjava e então rearranjava diversas vezes o cenário, os atores e as circunstâncias de sua vida, quase tão rapidamente quanto você mudava de ideia. Você era – e ainda é – tão poderoso, que:

- Ao agitar-se em pensamentos, os ventos começam a uivar.

- Ao sorrir, ondas de amor quebram em praias eternas.

- Ao falar, as represas que bloqueiam a sorte e a riqueza ameaçam se abrir.

- Ao sonhar, as estrelas se realinham.

Essa é sua vida, seu poder. Saiba como usá-la. Comece hoje.

É natural que você, depois de vencer desafios, melhorar em cada área de sua vida e começar a ver o sucesso como algo comum, comece a se perguntar o que mais há para ser conhecido, onde mais é possível viver e do que mais você é capaz. E essa reflexão vai também, naturalmente, torná-lo mais poderoso e curioso, fazendo que você atraia ainda mais conhecimento, sabedoria, verdade e amor.

Você já desbravou um caminho psicológico, nesses tempos primitivos desse novo e pequeno planeta. Prova disso é o fato de que os "mortos" conseguem enviar mensagens para você *por meio dos sonhos*. Parabéns, ótimo trabalho.

Não existem enganos

A sublime perfeição do tempo e espaço é que tudo o que acontece, *e tudo o que não acontece*, faz você crescer. Essa fórmula é tão perfeita que nada pode macular as selvas do tempo e espaço. E somente a sua crença nas ilusões, as pequenas mentiras inocentes que fazem de suas aventuras algo possível, podem desviá-lo dessa crença. Pense nisso. Você tem o tempo *para sempre*. Você viverá muitas vezes. Então, cada contratempo, cada perda ou desapontamento vai, com toda a certeza, contribuir para futuros progressos, ganhos ou triunfos. Não é? E será que esses percalços não poderiam também servir como lições para outros que podem então evitar algum incômodo que você vivenciou, de modo que sua dor ou tristeza poupe-os de sentir o mesmo?

> A vida que você conhecia era um sonho, e esse "novo lugar" é onde você estava enquanto sonhava.

E vale lembrar que as ilusões são apenas ilusões; *elas não são reais*. É somente sua crença nelas – e de novo a dicotomia do branco ou preto, tudo ou nada – que lhe faz sofrer. De seu novo ponto de vista, olhar para trás, para sua vida recente, será como acordar de um sonho agitado. *"Uau, isso foi incrível!!"* Você vai se sentir reconfortado se sua vida for cheia de sobressaltos. Todavia, a experiência tornada possível pela ideia de que tudo era real vai mudá-lo. Você ficará mais sábio. Você terá uma nova noção de "realidade", por assim dizer, devido às impactantes lições de seu sonho! Tão úteis que chamam a atenção; estridentes, lindas e espetaculares. E assim é a vida dentro das selvas do tempo e espaço, vistas a partir de um olhar pós-vida; nada é real, exceto o aprendizado e o amor que você trouxe consigo.

Talvez você agora se pergunte: "Mas e aqueles que foram feridos ou lesados em sua vida? Será que eles não tiveram perdas grandes demais para manter quaisquer esperanças de felicidade depois de terem passado por algo tão ruim? Mas então, já que estamos fazemos perguntas, vamos refletir sobre estas:

- Será que nenhuma dádiva virá do que aconteceu a eles?

- Será que essa é a única vida deles?

- Será que eles não são também seres eternos?

- Será que conheço exatamente o caminho da vida dessas pessoas se a tragédia não tivesse ocorrido, e será que esses caminhos seriam melhores?

- Será que o que aconteceu não faz perfeito sentido para eles?

- Será que as lições aprendidas por essas pessoas na Terra continuam acontecendo, e a tragédia foi apenas uma "prova"?

É irônico, embora compreensível, que, visto de uma perspectiva atual, em um mundo repleto de ilusões e em um tempo primitivo, o consenso das pessoas seja que a pior coisa absoluta que pode acontecer a qualquer um é morrer. Por quê? Porque, para seus *sentidos físicos*, a morte significa a extinção de uma vida e de todas as suas possibilidades, para todo o sempre. Cai a cortina. Tudo acabado, exceto, talvez, por aquela velha cena dos anjos tocando harpa sobre as nuvens. Mas com uma percepção espiritual, sabendo que a eternidade precede e segue toda vida, fica fácil entender que aqueles que estão dentro da ilusão não devem decidir, certamente não pelos outros, qual é a hora ideal para morrer. Talvez a pessoa com uma doença fatal tenha escolhido uma saída lenta, depois de uma vida repleta de realizações, tendo aprendido tudo o que veio aprender, e podendo agora se despedir com calma, administrando seus últimos desejos e finanças, e permitindo que todos tenham um aviso prévio de sua partida, em vez de um repentino infarto ou um acidente de automóvel. Tendo isso em vista, fica até estranho quando, por exemplo, a tia Sally e o tio Billy reúnem toda a família, chamam primos distantes e organizam uma vigília, com orações ininterruptas, pedindo a cura da doença de seu ente querido, para que ele fique mais tempo na Terra.

A chave é sempre desejar o melhor para todos os envolvidos, sem estabelecer o que de melhor poderia ser feito, uma vez que você nunca sabe o que é melhor para as outras pessoas. Então, seja o que for que aconteça, saiba que aquilo *foi* o melhor que poderia ter acontecido, porque não existem enganos.

Ordem, perfeição e grandeza

O reino, a glória e o poder... após sua transição, você ficará surpreso com tudo o que poderá vir a entender. E, para ter ainda mais certeza sobre a beleza de tudo o que vai acontecer, eis a seguir mais algumas provas que te farão refletir.

O verdadeiramente incompreensível

Nem mesmo as almas mais antigas, os maiores anjos ou os mais sábios guardiões – pelo menos não aqueles dentro do tempo e espaço – podem compreender a enormidade de toda criação ou como ela começou: o salto do "nada" para o "tudo o que existe". A primeira aparição. Como "Deus" surgiu. Como pode não ter havido "Deus". E igualmente nebuloso, talvez muito mais ainda, como *pode haver* "Deus". A essência da vida, justaposta à "não vida". É claro que fazer perguntas sobre o início de tudo é prova real de que o tempo é uma realidade, porque somente pode haver um "início" se, posteriormente, tiver um meio e um fim. É o paradoxo do ponto de partida. E isso traz à tona outro mistério aparentemente impossível: como a consciência/inteligência funciona na ausência de tempo? O tempo lhe proporciona pontos de referência para viver uma vida organizada. De fato, mesmo pensar, como você pensa agora, ou ler, como você lê agora, requer tempo.

Contudo, voltando ao raciocínio inicial, *pode-se ainda* observar, decidir e conhecer; e tais reflexões, que já acontecem rapidamente, serão ainda mais rápidas na ocasião de sua transição; como explosões de luzes em uma noite de festa.

O enigma divino

Enquanto todas essas questões sobre o tempo e espaço permanecem na sua cabeça, de repente, tudo se ilumina e você consegue enxergar o mais importante e verdadeiro desafio que todo viajante do tempo e espaço enfrenta, e que já foi mencionado neste livro:

Discernir o que é real em um mar de ilusões; confiar em seus sentimentos apesar de evidências físicas contraditórias; e ver além das mentiras o que originou o real.

Imagine um *desafio*! Imagine uma *aventura*! Logo que você chega aqui, você percebe que "Deus" aceitou o desafio e criou uma exorbitante aventura interativa, uma obra-prima cinematográfica, um espetáculo da *Broadway*, que conta com drama, suspense, comédia, infinitas possibilidades, romance, todas as emoções possíveis, abordando a condição e expressão humana: *sim, é o tempo e espaço!* Você pode imaginar algo mais selvagem do que a vida nas selvas? Mais amplo em possibilidades? Mais estimulante? Mais desolador, embora romântico? Mais perigoso, embora seguro? Complexo, embora tão simples que uma criança poderia explicá-lo? Você pode pensar em algo tão repleto de esperança, que se você pode sonhar com alguma coisa, qualquer coisa, *ela pode tornar-se realidade*? Tão repleta de tolerância, que sempre há o perdão? Tão cheia de amor, que todo caminho possível o faz se sentir acolhido?

Aventuras nas selvas despertam paixão e criam emoção: e é essa a principal razão pela qual você fez as escolhas em sua vida, incluindo até mesmo estar presente nela. Ainda assim, *opcionalmente*, quando se está pronto para despertar durante o sonho, *como você está*, é possível enxergar que suas reflexões sobre a vida, baseadas em uma premissa original, não estão corretas. Você pensava que *coisas* (não pensamentos) se tornam coisas. Mas agora você começa a compreender:

- Que o que o preocupa em pensamento aparecerá fisicamente para você.

- Que o que você acredita, busca, *vai começar a se mover em sua direção*.

- Que, se você não gosta do que aparece para você em seu espaço, é possível mudá-lo, *mudando a si mesmo*.

Sim, uau! Mas, então, enquanto essa avalanche de informações chega até você durante a transição, você começa a imaginar como poderia ter sido sua vida passada se tivesse consciência de que era um Criador... saber que você sempre esteve onde quis estar, salvo e saudável, como se fosse na palma da mão de Deus... saber que você era poderoso o bastante para fazer qualquer sonho se realizar, para escolher amor em vez de medo, apesar das aparências, e de estar rodeado por círculos sempre crescentes de amigos e bons momentos. E, enquanto você pondera sobre isso, subitamente você é possuído por um imenso, ardente desejo: *retornar, voltar atrás, dançar entre as ilusões mais uma vez.*

Reencarnação (ou algo do tipo)

Por que não? Afinal, tempo é uma coisa que você tem de sobra. Por que, diante de toda uma eternidade, alguém de origem divina escolheria viver apenas uma vida? Apenas uma xícara de café, um beijo apaixonado ou uma batata frita? Estamos falando de *eternidade*. Isso significa que, se você viveu incontáveis vidas, a soma do tempo que você passou em um corpo seria infinitesimal, invisível, *irrelevante*, comparada à eternidade. A eternidade é longa, então por que você viveria apenas uma vez? Que tal viver tantas vidas quanto você quiser, de modo que possa estar absolutamente seguro de ter aproveitado o máximo que uma determinada experiência tem a oferecer? Você viveria em tempos primitivos e tempos futuristas; você nasceria para a pobreza e para esplendor. Você teria sido homem e mulher; mais criativo (lado esquerdo do cérebro) e mais racional (lado direito do cérebro); alto e baixo; agressivo e passivo; brilhante e ingênuo; emotivo e frio; e muitos outros opostos, ou então uma *combinação deles*!

Depois, você vai escolher onde quer viver: planeta, país, cultura. E em cada vida você vai escolher pais, e eles o escolherão; vai escolher que amigos de outras vidas vão participar dessa nova aventura, e assim por diante. E todos estarão no mesmo barco, querendo voltar de novo, e de novo, e de novo. Perfeito! Você retornará com os que teve afinidade, e evitará os outros. Eles farão o mesmo. Vamos, você tem toda a eternidade. Por que não?

Uau... perfeito... sua mente celestial está funcionando!

Agora, repetindo o que já dissemos, é difícil descrever imagens da realidade com palavras. Por exemplo, a ideia de reencarnação que temos hoje, implica, *dada sua atual visão de mundo*, que se um tal John Doe morrer, ele pode voltar como Jane Deer. O problema dessa implicação aparece logo que você começa a refletir: mas a nova Jane é de fato o antigo John, ou ela é apenas a Jane? Afinal, a Jane é a Jane! Então onde está o antigo John? Ora, o John ainda é o John! Mas ele não voltou? Sim, como Jane!

Considere, por exemplo, que a personalidade de alguém seja como uma folha em uma árvore de almas, e que cada encarnação é uma nova folha. Considere também que, sabendo que o tempo é uma ilusão, todas as folhas interagem de forma simultânea, mesmo sendo elas de idades e épocas diferentes. Dessa forma,

> **Você vive suas vidas dentro de Deus, mas ainda assim permanece sendo você.**

podemos ver tudo com mais clareza *e* perspectiva. Podemos ver que John e Jane não são realmente a mesma pessoa, mesmo considerando que uma evoluiu das experiências e desejos da outra, possui algumas lembranças da outra e *carrega as lições, experiências, maturidade, talentos e encantos* da outra.

Assim, há algo parecido com a reencarnação ocorrendo, mas não é apenas uma progressão linear de consciência. Não se trata de uma encarnação acabando para outra começar. Cada encarnação mantém suas próprias perspectivas eternamente e, ao mesmo tempo, contribui para outras encarnações. E, enquanto sua mente assimila isso, deixe-me acrescentar que é perfeitamente possível – de fato acontece o "tempo" todo – que a próxima encarnação de alguém ocorra em um ponto anterior na "história".

A família

Algo relevante e de possível interesse é o fato de que aqueles que estão "vivos", em alguma civilização planetária qualquer, inevitavelmente pertencem à mesma família espiritual. Eles têm muito em comum, e poucos sequer suspeitam disso nesses tempos primitivos de nosso planeta. Mesmo aquele estranho na esquina é seu parente espiritual, de parentesco próximo. Mesmo o outro estranho em uma esquina do outro lado do planeta é também seu parente espiritual, pois vocês compartilham o mesmo tempo e espaço entre um número infinito de possibilidades. Conforme sua vida progride, você descobre que há alguns "membros da família" com quem você gosta particularmente de estar (e o mesmo vale para amigos) e outros que você prefere não ver (ou até mesmo deseja algo mal para eles). Isso é perfeitamente normal em qualquer família, certo? E juntos, como uma civilização, como uma unidade, uma família, *um* único grupo, vocês se aventuram nas ilusões e criam juntos a sua terra, que será o *playground* e o laboratório de sua evolução espiritual – e, nesse tempo e espaço, vocês viverão novas histórias, experimentarão glórias, se apaixonarão diversas vezes e vão se divertir muito.

De onde todos estão vindo?

Conforme você começa a assimilar essas informações recebidas do plano "não visível", surgem questões interessantes, tais como: "De onde todos estão vindo?". Se imaginarmos que a Terra tinha uma população hipotética de um milhão de pessoas doze mil anos atrás, e agora existem *sete bilhões* e o número cresce a cada instante, surge a dúvida: "De onde eles vêm? Não deveria haver sempre o mesmo número?". Outra dúvida pertinente que pode aparecer é: "Se sou apenas um emissário de minha alma, vou deixar de existir quando voltar ao outro plano?".

Mas você logo descobrirá que nessa nova e realçada perspectiva de pós-vida, você mesmo poderá responder a suas inquietações lembrando-se de alguns fatos:

- Existem outros planetas que comportam vidas.
- Existem realidades paralelas e tangentes.
- Existem outros domínios que você pode "ocupar", como este que você ocupa desde que chegou por aqui.
- Algumas páginas atrás, percebeu que o desejo de "retornar" como Jane Deer não diminui John Doe.
- O tempo e o espaço são algo como um sonho holográfico multidimensional.
- E, finalmente, o golpe de misericórdia: existem diversas linhas de tempo, que podem acomodar a todos!

Você também descobrirá que a ideia de deixar de existir quando sua alma sair de seu corpo somente faz sentido no mundo finito (e não real) do tempo e espaço, com suas dicotomias de aqui e ali, agora ou nunca, e assim por diante. Esse medo implica que você não pode estar em dois lugares ao mesmo tempo; que você deve ser "você" ou deixar sua alma se transformar em outro alguém. Mas você não vai se dissolver, como se fosse um cubo de açúcar colocado em uma xícara de chá quente. No caso da "reunificação da alma", a personalidade permanece intacta enquanto é simultaneamente acrescentada ao todo. Ambos vão existir *eterna* e *internamente*. Afinal, não existe algo externo em termos de realidade. Você vive suas vidas dentro de Deus, mas ainda assim permanece sendo você.

Idades da alma

Como você pode imaginar, um indivíduo – ou a alma –, depois de fazer esse movimento cíclico, entrando e saindo do tempo e espaço milhares de vezes, pode começar a ficar entediado. Metas são alcançadas, paciência é adquirida, empatia é cultivada e uma atitude complacente se desenvolve. Você viverá paixões e ajudará pessoas milhões de vezes, de maneira passional e genuína, de modo que você eventualmente pensará em fazer algo diferente. Isso faz sentido, não faz? Mas você não deve "abandonar" suas aventuras; até porque você somente pode "abandonar" algo se acredita no conceito de "espaço".

Você vai, certamente, viver todos os tipos de experiências, progredindo com a maturidade. Vai começar como uma alma bebê, comparável a um bebê humano em termos de percepção – indefeso, confuso e, com frequência, sem ter nenhum conceito de certo e errado. Vai amadurecer para uma alma jovem, comparável à de uma criança humana – brilhante, desajeitada e ansiosa por viver. Então, tornar-se-á uma alma madura, como a de um jovem adulto, com sonhos e desafios recém-descobertos – uma época da vida altamente produtiva e fértil de sabedoria. Por fim, vai passar para a fase da alma velha, como a de um sábio e equilibrado veterano da vida – reflexivo, tranquilo e altamente respeitado. Cada encarnação traz lições, experiências, maturidade, talentos e encantos adquiridos anteriormente. Um jovem adulto utiliza as habilidades aprendidas em sua juventude e, com a experiência, vai dominando a arte de viver; por outro lado, perde progressivamente o interesse nas selvas e nas novas oportunidades.

Não há melhor ou pior idade da alma. Cada uma das idades oferece possibilidades diferentes das demais, e todas são necessárias para as outras existirem e terem sentido. E, à medida que você vive sua história, aprendendo e testemunhando a lenta evolução das massas para vidas "mais elevadas" e mais refinadas, vai ficando mais fácil fazer escolhas mais sábias, centradas no amor. Sua linha de tempo não vai conter sua evolução. Isso significa que uma nova primeira encarnação da alma pode ser no ano 125.589 a.c. e outra em 2014 d.C.

Idades coletivas

Assim como um indivíduo amadurece, o mesmo se dá com o coletivo em que ele vive. E, caso você tenha ficado intrigado com toda a polêmica acerca do ano de 2012, saiba que ele assinalou uma virada em nossa evolução espiritual de massa, marcando o momento final dos excitantes anos "adolescentes" da sabedoria da alma para os anos do "jovem adulto". Um amadurecimento de toda a família, um estágio finalizado. Naturalmente, alguns indivíduos crescem mais rapidamente, outros mais lentamente; alguns ganham mais em uma única vida do que outros o farão em quinhentas. Lembre-se também de que não estamos todos vivendo o mesmo número de vidas. Todavia, no geral, somos ainda um bando de crianções.

Estamos saindo da fase do "Ah, eu sou o máximo! Ei, olhem todos para mim!", para a fase da ressaca, do ego ferido na manhã seguinte. E, pela primeira vez, compreendendo que somos responsáveis pelas consequências de nossas próprias decisões. Assim, agora, enquanto emergimos de nossos anos de formação, nos quais aprendemos a exercitar nosso poder, estamos aprendendo a ser responsáveis e usá-lo de maneira responsável. A resistência mental interior para tal transformação é o que criou – e ainda pode criar – a turbulência física, que se manifesta na forma de mudanças climáticas na Terra e também em alterações sociopolíticas. Porque, é claro, o clima tem seu impulso vindo de nós, assim como todas as coisas aparentemente inanimadas. As pessoas não gostam muito de mudar, especialmente se isso transforma sua visão de mundo e demanda mais responsabilidade. Quanto maiores os tormentos internos de resistência às mudanças, maiores os tormentos externos sobre o planeta. Não se trata de vingança, mas sim de uma plena e simples manifestação de tensão que está crescendo, pronta para se manifestar.

Com um planeta repleto de almas ainda pouco maduras (em progressão), e, é claro, algumas novas e velhas também, há muito sofrimento para viver e lições para se aprender. No todo, estamos nos movendo em um ritmo saudável, considerando os incontáveis avanços e a relativa calma no planeta. Sim, há muito espaço para melhora, e ela virá. É disso que se trata. Embora seja fascinante especular sobre onde vai dar esse caminho – o que nem mesmo os mortos sabem –, o mais importante é formar as escolhas que o levarão a viver com uma mente alerta e um coração aberto, seguindo seus sonhos. Pense no cenário maior, divague e considere, mas não fique distraído com o que você não sabe, e continue fazendo tudo valer a pena.

Arrebatamento

A cada vez que você volta ao "lar" depois de uma encarnação para aprender novas lições, divertir-se e acumular sabedoria, você é capaz de se lembrar mais da verdade e ver a realidade com maior perspectiva. É como vir à tona depois de um longo mergulho: subitamente, quando sua cabeça alcança a superfície, há ar, o sol no alto, e uma melhora drástica em suas funções; você retornou ao seu elemento. O mesmo acontece com a morte. As exceções são casos extremos de almas muito jovens, que ficaram tão arrasadas com sua última vida ou seus momentos finais, que precisam de orientação imediata.

Suicidas podem também deparar com experiências diferentes, devido à ingenuidade de sua decisão de terminar uma vida

– vida essa que, assim como todas as outras, havia sido meticulosamente planejada – de forma prematura, sem deixar que ela percorresse seu curso natural. Em razão dessa falta de visão e de inteligência, eles geralmente não conseguem apreciar de maneira plena seus novos ambientes. Além disso, em vez de avançar para níveis mais altos de sabedoria, eles descobrem que devem (e querem) criar novas circunstâncias, ingressar em uma nova vida, que irá lhes ensinar melhor o que eles tinham anteriormente se recusado a aprender.

Mas, de maneira geral, novas chegadas, depois de passarem por uma revisão de vida e uma reflexão profunda, movem-se para um estado de euforia e claridade, bem além do descrito pelos relatos de quase morte dos que não embarcaram em definitivo no processo de volta ao lar. A perfeição sentida é indescritível. Você está em um lugar:

- onde tudo o que foi uma vez quebrado é consertado;

- onde tudo o que foi uma vez perdido é encontrado;

- onde tudo o que uma vez doeu foi curado;

- onde a doença dá lugar à saúde; a confusão à clareza; o desespero ao ânimo; a carência à abundância;

- onde tudo que foi uma vez temido é desmascarado;

- onde todo inimigo vira amigo; e, principalmente,

- onde tudo o que foi uma vez desagradável em sua última vida pode agora ser visto com compreensão como uma grande e fabulosa dádiva.

Entes queridos que já faleceram lhe dão boas-vindas. As mais alegres lágrimas começam a ser derramadas por todos. Amigos e queridos membros da família de *outras* vidas vêm ao seu encontro, e você os reconhece imediatamente, lembrando-se dos tempos em que estiveram juntos. Você está no lugar certo para planejar segundas chances e novos romances. Neste lugar, tudo e todos emanam uma sublime graça e você descobre que, de fato, tem possibilidades infinitas, e pode fazer menos e ainda conseguir mais, e o único suor necessário para que seus sonhos se realizem vem de dançar a noite toda celebrando. Sim, isso é real. Tudo é real. Você permanece físico, embora etéreo, sua identidade permanece a mesma, mas ampliada. Tempo e espaço ainda existem, embora não sejam os mesmos nesse novo mundo, onde tudo é maleável, desculpável e permitido. Sua cabeça chega a diversas conclusões empolgantes, que o levam a exclamar: "Ah, mas é claro!" ou "Você deve estar brincando comigo!".

> **Sonhos vêm com desafios embutidos. Desafios vêm com sonhos embutidos.**

Este é o seu lar, ou ao menos um gigantesco passo na direção dele. É onde suas escolhas de vida pré-terrestres foram feitas, e onde você verá tudo o que ganhou. Esse é o reino que você vagamente lembrava enquanto estava na Terra. Você tentava, com os demais, recriá-lo dentro do tempo e espaço, e isso o mantinha ocupado, permitindo que você vivesse em meio às emoções de sua aventura. Você descobre que seus pensamentos nesse mundo também se tornam coisas, porém mais refinados, e, às vezes, espontaneamente; como tudo nesse mundo, suas novas manifestações parecerão brilhar com amor e inteligência. Você está, agora, no local onde se originaram os conceitos de amizade, viagem, comunicação, exploração, curiosidade, aventura, sexualidade e *tudo mais que você tinha na Terra*. Aqui, portanto, eles são apresentados em outro nível, muito mais repleto. Essa volta ao lar o familiariza novamente *com você*, seu verdadeiro eu: um ser intergaláctico e de origens divinas, cheio de amor e alegria. Você compreende que foi dessa perspectiva, dessa visão brilhante de sua existência – que é ainda pouco conhecida –, que você escolheu se aventurar nas selvas do tempo e espaço, *e você sabia o que estava fazendo!*

Você vai se encolher, se maravilhar, se inquietar. Primeiro em descrença e depois por perceber que tudo isso é inevitável. Como água para quem tem sede ou luz para os que estão perdidos na escuridão, seus sentidos se inundarão de alívio e depois de euforia, seguidos por uma ânsia de compartilhar a bondade, a beleza e o amor com os que você deixou para trás. E enquanto você é confortado, sabendo que tudo isso espera por eles, você sente impaciência. E quando você reflete sobre esse amor, e lembra que isso que está sentindo agora estava ao seu alcance durante toda sua vida – sim, é nesse momento que você percebe –, você quer voltar. "Viver" novamente, lembrar-se de tudo *dessa vez*, ver o que é tão óbvio, descobrir o que você perdeu antes, rejeitar as limitações impostas por outros que queriam "protegê-lo", honrar a si mesmo, ser verdadeiro com seus sonhos, arriscar seu coração no amor de novo, estar com aqueles que tanto o amavam, caminhar descalço na grama fria da manhã novamente, sentar junto a uma fogueira e olhar as estrelas distantes. Ser uma luz para os outros, reagir, rebater, ficar orgulhoso de si mesmo e nunca parar de amar isso tudo, *de dentro de sua mente humana!* Até que o ciclo inteiro de encarnações esteja completo, todos querem retornar – e todos o fazem.

A vida é linda, *sua vida* é linda. Tudo é uma dádiva, você é e sempre será adorado, e você vai ver isso claramente por meio de uma lente de aumento, que hoje você chama de morte.

DE UM QUERIDO FALECIDO

Alejandro!
Todo mundo está aqui!!! Todo mundo! E estão todos felizes, saudáveis e lindos!

Sua mãe disse que sente muito. Seu pai disse que está orgulhoso de você. Até a Gina está aqui e pediu para lhe dizer que ainda não acredita que você a deixou por um homem... eu! Obrigado novamente, a propósito. Não se preocupe – ela já superou tudo. Todos superam quando chegam a um lugar como esse, onde tudo faz perfeito sentido! Escolhas infinitas, amigos e família, cores e texturas, sons e aromas. Você sabia que somente existem três cores primárias na Terra porque o tempo e o espaço daí são muito limitados? Aqui, depois de vinte e um dias, você descobre e aprende quarenta e duas dimensões – e a coisa não para por aí, há muito mais! Existem centenas de cores primárias e todas elas podem ser ouvidas! Você sabia que todas as cores têm números? E que todos os números têm sons? Misture as cores certas aqui e você tem um sorvete de arco-íris musical! Aliás, há números por todos os lados. Verdadeiras filas, com quase todos os números. Filas convencionais, laterais, invertidas, por toda a parte. Na verdade, tive de parar de me concentrar nesses números, porque estavam atrapalhando minha progressão.

Você vai morrer... novamente, quando chegar aqui!

A única coisa que faz falta... é o desafio. Há desafio para os que estão prestes a progredir, mas para o resto de nós, descansando entre vidas, ele não existe. Mas não tem problema. É ótimo não ter o estresse que colocamos em nós mesmos através das ilusões. É como uma pausa nos esteroides (mas aqui não há esteroides). Tudo é facilmente espetacular. Alguns ficam por milhares de anos por aqui. Não há programação. Mas todos ou voltam, ou vão adiante – todos. E aqui há uma coisa esquisita: você não pode ir adiante até que esteja pronto para voltar.

Mover-se pelas selvas significa ficar em paz com elas, ou seja, ficar em paz com você mesmo. Lidar com desafios é a forma de aprender isso, descobrir que você é maior do que qualquer coisa que cria, ou que criou, ou onde criou. Mas aqui você não pode voltar a aprender, a não ser que retorne para a selva, porque não há desafios por aqui. Você me entende? Ironicamente, contudo, estar entediado com a vida não significa estar em paz, mas sim não ter desafios suficientes. Geralmente, são as pessoas felizes, ocupadas, socialmente confortáveis que estão mais perto de ir em frente.

Você sabia que, se não fosse pelos desafios, a vida como a conhecemos não teria valor algum? Pense como seria se em todas as vidas você viesse a nascer de pais sábios e amorosos, em épocas tecnologicamente avançadas, sempre com inteligência intelectual e emocional, boa aparência, coordenado e popular. Que chato! Isso pode até ser divertido algumas vezes, principalmente se você passou por uma vida desafiadora anteriormente, mas depois de algum tempo, você vai querer mais – vai querer mais paixão. Geralmente, para conseguir mais, é preciso começar com menos, você vai ver.

Isso não significa que você tem de estar assustado ou desconfortável em uma vida para ter grandes ganhos. Significa apenas que você tem de crescer. E é por esse motivo que você tem sonhos. Sonhos vêm com desafios embutidos. Desafios vêm com sonhos *embutidos. Os parâmetros que iniciam cada nova vida são escolhidos por essas razões. Em outras palavras, as vidas são escolhidas pelos desafios oferecidos por elas, ou, para enxergar de outra forma, pelos sonhos que você tende a ter. É a mesma coisa. Isso ajuda a explicar o seu pai, não é?*

Alejandro, eu o amo tanto. Meus sentimentos são indescritíveis e quase insuportáveis, mas, estando aqui, apoiado pela luz que há por toda parte, não poderia estar mais feliz, mesmo com meu coração ansioso por você. Sei que estaremos juntos novamente, para sempre, que estamos conectados e que você e eu e todos os demais vão conhecer esse êxtase que agora toma conta de mim.

É lindo aqui, muito lindo, mas lá também é, e eu vou vê-lo em breve. Então, até que possamos compartilhar nossas vibrações novamente, querido, seja feliz. Não importa o que, como, ou quem você tenha de enfrentar – seja feliz. Em outras palavras, siga seus sonhos, encare seus medos e siga em frente a cada dia. Felicidade é meu único desejo para você, e estou em paz sabendo que você vai tê-la.

Seu bonitão selvagem, Freddy.

Espere um minuto, rapaz!

É tudo tão glorioso! Tanta paz, harmonia e beleza! Tanto amor! Você não tem *nada* a temer – nem por você, nem por aqueles que lhe fazem falta. E é isso que os mortos querem que você saiba sobre *a vida*! Mas, assim que você chega das selvas, não importa quão sublime seja seu pós-vida, você certamente vai perguntar para seu comitê de boas-vindas sobre a maior contradição de todas: "Por que na Terra coisas ruins acontecem para pessoas boas?". E isso você saberá no próximo capítulo.

CAPÍTULO 8

A VIDA É MAIS DO QUE JUSTA

A compreensão é o elixir da vida, o bálsamo consolador que ajuda a secar lágrimas e apagar rugas. Ninguém é julgado por sua miopia, mas é severamente limitado por ela. Por outro lado, o iluminado, longe de ser um eremita estereotipado, corre mais rápido, salta mais alto e tem mais amigos, alegrias e fartura. E é por tudo isso que os "mortos" têm urgência em lhe dar dicas que podem ajudá-lo e inspirá-lo.

O sábio não se sente triste ao partir, mesmo que isso seja um prenúncio de dias ou vidas inteiras de ausência. Ele sabe que pensar em alguém é o mesmo que estar com ele, e que o espaço que os separa tornará possível novas aventuras. Ele sabe que qualquer separação que os olhos percebem é uma mentira. Um profeta não se zanga diante de uma traição. Ele a viu chegando. Ele compreende que, para alguns, a necessidade de reconhecimento pode ser maior que o desejo de servir. E sabe que sua própria felicidade e sua maior missão não dependem do comportamento de outros. O místico não culpa ou encontra falhas nos outros porque, vendo a si mesmo como um Criador em um mundo de ilusões, onde nada acontece por acaso, sabe que toda dor é causada por si mesmo, e que a vida é justa, mesmo quando as circunstâncias não o são.

Por que coisas ruins acontecem para pessoas boas?

Não seria lógico, considerando o esplendor de tudo – tantas estrelas, espécies exóticas e a singela beleza de uma única *maçã* – que a "mente", por trás disso tudo, pudesse ter, de alguma forma, criado medidas preventivas ou estabelecido mecanismos para evitar que coisas ruins inesperadas, sem sentido, acontecessem? Ao menos que acontecessem a *pessoas boas*? E se, assim como aquela coleira que impede o cão de latir (que coisa horrível), houvesse um choque elétrico que impedisse as pessoas de pensar, falar ou agir de forma danosa em relação aos outros? Será que funcionaria? Ou será que o belo precisa do feio? A paz da violência? O amor do ódio? Isso faz sentido?

Faz?!

Ou talvez, como as religiões pregam, a maldade exista em si mesma como uma terrível nuvem escura, cheia de energia negativa, com vontade e inteligência próprias, esgueirando-se no paraíso como uma barata na cozinha de Deus? Abastecida e sustentada por... Bem, ninguém nunca pensou em perguntar. Incapaz de assumir todas as coisas boas, por mais depravadas que sejam, mas invencível o bastante para fazer frente e enfrentar Deus.

> "Ei, desculpe, a Terra é tão imensa que você não pode ter justiça o tempo todo", disse a Inteligência Divina. Só que não.

Isso faz sentido?!

Não existe sequer uma pequena chance de essas teorias ser aceitas se considerarmos...

- que há pássaros que *cantam* para qualquer ouvido que possa ouvi-lo, a toda hora do dia e da noite?

- que há criaturas que vivem nas profundezas escuras do mundo, e mesmo assim dão cambalhotas, rodopiam e saltam para se divertir?

- que há "amiguinhos felpudos" que amam tanto quanto são amados?

- que há flores tão lindas que somente podem existir para agradar os olhos humanos?

Na verdade, *não seriam* esses esplendores prova definitiva de que você vive hoje no mais mágico conto de fadas que se pode imaginar, sem necessidade ou espaço para um bicho-papão qualquer?

"Ei, desculpe, a Terra é tão imensa que você não pode ter justiça o tempo todo", disse a Inteligência Divina. Só que não.

Verifique suas premissas

Será que houve algum descuido celestial? Algum engano? Será que as coisas saíram do eixo de tal forma aqui na Terra que hoje existem tantas variáveis, que o Divino nunca previra na época em que a primeira estrela reluziu brilhantemente no céu noturno?

Ou será que, apenas hipoteticamente, a crença de que "coisas ruins acontecem" estaria equivocada? Talvez seja presunção acreditar que coisas ruins aconteçam ou até mesmo que existam. Sendo assim, podemos crer que coisas ruins *não* acontecem. Que nada acontece sem um propósito. Que "inesperado" significa simplesmente imprevisto, mas não aleatório.

Bem, *isso não faz sentido*? Não é de se esperar que no "reino dos Céus", no "lar do Divino", com todo seu esplendor e ordem, houvesse um significado válido e um propósito construtivo por trás de todas as ocorrências? Não faz todo sentido?! Se não fosse pelas evidências que mostram o contrário, nunca se esperaria bagunça na "cozinha de Deus". *De jeito nenhum!* Certo?

Sim, *isso* faria sentido! O glorioso e perfeito planeta, flutuando pela Via Láctea, *deveria ser* uma passagem segura e certa para o Jardim do Éden, a partir de seu primeiro dia e para todo o sempre? Sim, *isso* faz sentido! Que tudo por aqui cintilasse e brilhasse; que todos falassem e demonstrassem felicidade; que as pessoas sempre fossem amadas, amáveis e presenteadas? Não é isso que você esperaria do Divino? Aleluia!

Depois de concluir que tudo isso faz sentido, analisemos agora as evidências que mostram o contrário em mais detalhes.

A água sobe ao seu próprio nível

Certamente você agora entende e aceita a ideia de que pensamentos se tornam coisas. Talvez não esteja convencido em sua total plenitude, mas deve estar chegando lá.

Você não precisa ser um *hippie* para entender o significado de "vibração energética" de uma pessoa: se alguém pensa e age de maneira calorosa e amigável, atrai situações e pessoas calorosas e amigáveis. Se alguém pensa e se sente negativo e zangado, "vibra" dessa forma e, assim, de modo semelhante, atrai o mesmo. Certo? Você pode também equacionar as "vibrações" de alguém com os pensamentos, crenças e expectativas dessa pessoa (geralmente eu digo apenas pensamentos) em relação a um assunto específico.

Acho que você já entendeu onde quero chegar – pensamentos positivos criam manifestações positivas, assim como pensamentos negativos criam manifestações negativas – e acho que você está adivinhando que estou prestes a lhe dizer que, em razão disso, tudo na vida é justo. Certo. Mas alguns podem achar que é uma declaração excessivamente abrangente, em especial porque, nas idas e vindas do mundo, é fácil deixar de entender *como* isso funciona.

Estudo de caso número 1

Vamos então escolher uma pessoa gloriosamente positiva, cuja vibração energética financeira corresponda a um patrimônio líquido de US$ 30.000, e, por convennbniência, digamos que ela costuma ter essa mesma quantia em sua conta bancária. Esse é um exemplo muito simplista, apenas para propósitos ilustrativos. Na realidade, nossas vibrações não são sempre tão exatas; elas flutuam constantemente, embora, de modo geral, reflitam mudanças em nossa visão de mundo, em nossas prioridades, em nossas crenças e em nossa estratégia em relação à economia, às tendências e a outras variáveis. E tenha em mente que nossa vibração financeira nunca é definida pelas cifras que almejamos ter, mas sim pela convergência de todos os nossos pensamentos que, direta ou indiretamente, levam ao nosso patrimônio líquido – seja ele numérico, material, espiritual, ou qualquer outra coisa que possa ser mensurada.

Voltando ao nosso exemplo, *se uma pessoa tem uma vibração indexada a US$ 30.000*, quaisquer que sejam seus pensamentos em relação à vida, financeiramente falando, vão lhe dar ganhos e despesas de modo que em sua conta bancária sempre tenha US$ 30.000. Isso acontece da mesma forma que todas as outras manifestações acontecem, de maneira natural e imperceptível. Mas o equilíbrio ficará sempre em US$ 30.000.

Agora, se essa mesma pessoa também acredita que é vulnerável às circunstâncias, que a vida é dura e é difícil ir adiante, ela pode, dessa forma, involuntariamente, manifestar um vazamento no telhado de sua casa que vai custar US$ 12.000 para ser reparado. Com o passar do tempo, suas crenças voltarão a se alinhar com sua capacidade de acumular riqueza, e se sua vibração permanecer em US$ 30.000, os US$ 12.000 vão retornar a ele. Talvez venha como um presente de alguém, uma restituição do imposto de renda, um bônus de trabalho, uma comissão, uma raspadinha lotérica ou, mais comumente, pela combinação de diversas quantias menores chegando por uma variedade de meios. Para ele, a conta do conserto e a reposição gradual subsequente vão parecer completamente sem relação, embora seus pensamentos, suas vibrações, terão diretamente levado a ambos.

O mesmo funciona na situação inversa. Se há uma entrada inesperada de dinheiro – por exemplo, um adicional de US$ 25.000, manifestado por outras crenças e ações *passageiras*, talvez uma herança –, mas as vibrações gerais permanecem em US$ 30.000, esse dinheiro extra vai eventualmente desaparecer em uma série de despesas extras, de doações generosas, consertos, vícios, enganos, ou o que quer que se adapte dentro de sua visão de mundo, deixando-o novamente com os mesmos US$ 30.000.

Nada de mau e nada de bom aconteceu. Apenas pensamentos tornaram-se coisas. A diferença é que, nesse caso, houve circunstâncias incomuns produzidas por suas vibrações energéticas.

A matemática (das crenças) por trás de toda manifestação

Esse exemplo monetário bastante simplista ajuda-o a compreender quantitativamente os processos envolvidos em criar uma mudança, embora o processo de *vibrações + ação = experiências de vida* penetre e governe todas as manifestações de toda e cada vida dentro das selvas.

Saúde, clareza, confiança, motivação, criatividade, níveis de energia, perda/ganho de peso, amizades, parceiros, paz, dor, negócios, jogo e até bom humor! Tudo, tudo, tudo, tudo, tudo, *tudo*. Se você tem uma carência natural de nascença de níveis de amor, alegria, saúde e todas as coisas boas, você pode eliminá-la trabalhando algumas contradições que podem existir em suas crenças. De suas crenças derivam *pensamentos*. E enquanto você vive sua vida (isto é, age), esses pensamentos giram ao seu redor e tornam-se coisas que vão formar suas experiências. Suas vibrações energéticas são poderosas *porque* inspiram seus pensamentos, que, então, se tornam coisas.

> Confluência de crenças › Vibrações energéticas › *Pensamentos e expectativas* › Ação › Coincidências, acidentes, casualidades › Reação › *Manifestação combinando pensamentos e expectativas anteriores* › (REPETIÇÃO, por meio de uma nova corrente de crenças, que cria uma visão de mundo correspondente e mais reforçada).

Ou, mais simples:

> Crenças › Vibrações › Pensamentos › Ação › Circunstâncias › Coisas.

Ou, ainda mais simplificado:

> *Pensamentos se Tornam Coisas.*

Rimas e razões

Essa é a natureza das crenças: elas inspiram ou travam a imaginação indagativa (os pensamentos) daquele que crê, permitindo ou impedindo, com isso, que nasçam novos mundos.

É completamente irrelevante saber *por que* você acredita no que acredita, por mais lógico ou ilógico que possa ser, prudente ou descuidado, conservador ou agressivo, egoísta ou altruísta; basta acreditar; é o suficiente para a manifestação. Conforme já mencionado, é preciso, de certa forma, que as crenças estejam em sincronia com as crenças de massa prevalecentes da época. Contudo, sua simples presença no aqui e agora já o coloca em posição de fazer das crenças de massa *suas* crenças também (ver Capítulo 3, "Estávamos prontos").

Tudo o que importa é que a crença esteja presente (criando vibrações), e que ela não seja contradita por outras crenças, conhecidas ou desconhecidas, e que aquele que crê esteja visível em seu mundo (agindo fisicamente), ficando assim disponível para uma rede bastante vasta de possíveis coincidências, acidentes e casualidades. Além disso, dada sua inclinação para o sucesso e suas características originais de alegria, saúde, clareza, amigos, abundância e todas as demais coisas boas, você não precisa ficar aflito ou preocupado com a força de sua crença – trate isso como algo normal! Apenas faça o que pode, com o que tem, a partir de onde está. Enquanto isso, compreenda a verdade sobre sua realidade e sua herança divina. Você rapidamente se tornará incontrolável. Os desafios continuarão a aparecer, mas cada vez mais eles serão compreendidos como dádivas que, decisivamente, vão lhe oferecer atalhos no futuro, que não podem ser vistos hoje.

Pode parecer, às vezes, que seus esforços são em vão, mas lembre-se de que leva tempo para o pêndulo balançar. E ele sempre balança. É pouco provável que as circunstâncias impeçam-no de manter o balanço do pêndulo em uma vida. Nesses casos, a energia permanece, e os resultados aparecem na vida seguinte: é o *fenômeno* do carma. Por exemplo, considere o bom samaritano, polido e amistoso, que vive em uma casinha bem-cuidada com um quintal muito bonito, que, com frequência, apanha o lixo acidental de outras pessoas quando o vento traz as sujeiras para seu terreno. Mesmo que ele não queira ser levado a benfeitores com a mesma mentalidade nessa vida, suas vibrações imutáveis *vão* levá-lo a tais pessoas, comunidades e mundos, talvez em vidas subsequentes.

De modo semelhante, o combatente militar que acredita que as pessoas são brutas, violentas e ruins, que vive em um mundo de matar-ou-morrer, e acha que a violência pode ser justificável quando os ideais de alguém são superiores aos de outro, continuará a ser levado ao encontro de pessoas, comunidades e mundos com o mesmo perfil em suas futuras encarnações, até que ele mude seus pensamentos. Suas vibrações criarão circunstâncias que o colocarão contra (e o levarão na direção de) pessoas que pensam como ele, completa e incontestavelmente, confirmando suas crenças. Tais ciclos se repetiriam pela eternidade, *se não fosse pela sua bondade inerente*, pela probabilidade de configurações de sucesso e pelas características originais previamente mencionadas. Esses fatores são capazes de endireitar qualquer navio à deriva, trazendo a bordo para o caminho da verdade.

Pode parecer que outras pessoas tenham a capacidade de acrescentar ou tomar de você o que você tem e quem você é, mas, no fim de cada "dia", o que você tem e quem você é, são, na verdade, funções derivadas de *seus* pensamentos, *suas* crenças e expectativas. É assim que funciona no tempo e espaço. Você seleciona o que quer combinar com suas próprias vibrações, sejam elas ótimas ou desagradáveis. Só que até agora, sempre que ocorreram casualidades e coincidências desagradáveis – que na realidade vão posicioná-lo para uma futura manifestação –, você as entendeu como algo fora do contexto da criação geral, classificando-as como "ruins".

Muito fácil até agora? Tem mais por aí.

Você acontece para a vida

Para criar um mundo físico que corresponde a todas as suas vibrações, a *vida precisa acontecer*. Mas é importante compreender que suas vibrações vêm primeiro.

Na verdade, é mais correto dizer que *você acontece para a vida*, e então a vida responde. *Você* veio primeiro, lembra-se? Você é a razão da existência das selvas, e a razão pela qual o sol nasce todo dia. Você é o Criador. Não apenas Criador, mas o epicentro da energia que ocasiona as manifestações de sua vida. A vida não é "dez por cento feita por você e noventa por cento aceita por você"! Ela é cem por cento feita por você.

Certo, você está apenas descobrindo tudo isso, portanto, haverá surpresas ao longo do caminho, surpresas que *você*, sem saber, criou. E quando elas aparecerem, não resista. Tenha consciência de que os "comos" e os "porquês" farão sentido. Não tire conclusões quando algo surpreendê-lo. Nem positivas, nem negativas. Nem para o diagnóstico de uma doença, nem para uma proposta de negócios. É importante que você "aceite" bem o novo fato, mas não com a visão de que você está impotente diante dele. Pensar assim *faz você assim*. Você não pode ser mais poderoso do que já é. Contudo, se você pensa:

> A vida não é "dez por cento feita por você e noventa por cento aceita por você"! Ela é cem por cento feita por você.

- que a vida está acontecendo para você,

- que coisas infelizes, aleatórias, acontecem sem razão ou propósito,

- que qualquer um pode acabar sendo uma vítima,

- que outras pessoas são a causa de suas experiências,

é bem provável que você acabe acreditando que sua selva é um acaso, uma chance aleatória de uma poeira qualquer do espaço entrar em rota de colisão, há um trilhão de anos, aterrissando fortuitamente em um local com água, gerando algo que venceu todos os obstáculos, desenvolveu guelras, barbatanas e inteligência suficientes para evoluir até andar sobre a Terra, ficando ereta e, finalmente, chegar onde estamos hoje.

Por outro lado, se você aceitar a verdade de:

- que você acontece para a vida,

- que tudo acontece por uma razão,

- que você não pode ser atingido por outros,

- que você é o Criador de suas experiências,

então você compreende como a vida funciona, você sabe que está destinado ao sucesso, e sempre que o inesperado acontece, você simplesmente o aceita, sabendo que na vida você deve dar um passo para trás para dar muitos outros para a frente.

As melhores notícias

Portanto, não tente explicar como as coisas surgem – elas são resultado de pensamentos, crenças e vibrações. A pessoa que ganha um milhão de dólares ou perde a mesma quantia o faz inteiramente por si mesmo, pois o mundo exterior é refletido de forma decisiva por seu mundo interior. Ele então manterá o dinheiro, o fará crescer ou o perderá baseado nas vibrações energéticas financeiras que ele mantém. Isso acontece com todo golpe de sorte, todo acidente, todo desvio e virada no enredo de sua vida. *Não importa quem mais* está envolvido, e não importa o que eles façam. Tudo é autocriação. Tendo isso em mente, qualquer um pode deliberadamente mudar sua "sorte"!

Estudo de caso número 2

Vamos usar outro caso hipotético financeiro, novamente para propósitos de ilustração quantitativa, embora funcione exatamente da mesma forma para amor, saúde, felicidade ou o que for que seu coração deseje agora. Pense em um empresário magnata com um patrimônio líquido (vibrações financeiras) de US$ 1 milhão que, em um determinado ano, por causa de alguns poucos pensamentos mais otimistas, excedeu suas metas e projeções e aumentou seu patrimônio líquido para US$ 1,7 milhão. *Se suas vibrações permanecerem imutáveis em US$ 1 milhão*, o excedente de US$ 700 mil vai eventualmente desaparecer. Agora, digamos que ainda nesse exemplo, o excedente seja direcionado a um investimento subsequente fraudulento – que acabou escolhido, pois era *consistente com suas outras vibrações de vida*. Mesmo considerando que nesse tipo de situação havia provavelmente um vilão, um corvo escondido no bando, a verdadeira causa do decréscimo no seu patrimônio teria sido sua vibração financeira inferior. *Não o vilão!* A "vítima" e o "ladrão" atraíram um ao outro porque cada um acreditava e precisava do outro para alcançar manifestações que combinavam com suas vibrações correspondentes.

Analisando agora pelo lado positivo, é assim que *toda* fortuna é gerada, e toda coisa maravilhosa acontece com qualquer pessoa.

Primeiro, há alguém que acredita: "Poderia acontecer comigo", "Sou suficientemente esperto", "Mereço isso", "Deus me favorece", "Eu paguei minhas dívidas", "Minhas folhas de chá me disseram que vou ficar rico"... também aqui, a lógica é irrelevante. Depois, aquele que assim acredita – não apenas alega acreditar, mas *realmente acredita* –, sem hesitar, *e que fisicamente comparece com regularidade*, vai, de alguma forma, de acordo com suas próprias crenças, conquistar sua fortuna.

Difícil acreditar, não é? Mas é isso o que acontece, pelo menos inicialmente, sempre. Acabaram-se as desculpas. Mas, por outro lado, é animador! Emocionante! Fantástico! O que poderia ser melhor? O que poderia ser mais fácil? Não gosta de sua vida? *Mude-a*! Pense, sinta, espere, aja, apareça e prepare-se para ser surpreendido.

É importante lembrar que nada disso, conforme já mencionei anteriormente, serve como perdão para o mau comportamento do vilão, e não deve ser utilizado como artifício para isentá-lo de qualquer pena criminal que lhe couber. Muito menos deve esse tipo de golpe ser visto como merecido ou como ocasionado por culpa da "vítima", como você vai ler adiante.

Não importa o quão feio

Dependendo de onde suas criações o tenham levado até agora, essas ideias podem parecer um insulto ou causar muita dor. Mas, apesar de tudo, saiba que a verdade é sua salvação. Ela vai restaurar seu poder e lhe dar esperança. E, por favor, lembre-se de que este livro é apenas o mensageiro. Assim como um médico explica a aids, mas não a justifica, endossa ou nega que ela seja uma doença horrível, as palavras aqui contidas são descrições inflexíveis, sem julgamento, que tentam apenas explicar o que há por trás de todas as criações do tempo e do espaço. Não existe um vilão inocente, e volto a enfatizar que qualquer tipo de violação é crime, não importa como tudo tenha ocorrido. Não obstante, as implicações dos desdobramentos reais da vida são, em absoluto, assombrosas – e, diametralmente, opostas à "velha" visão de mundo que todos os que já foram (ou são) vivos já tiveram.

É muito mais fácil, e politicamente preferível, acreditar que há pessoas más fazendo coisas más e que elas serão punidas no inferno para toda a eternidade pelo diabo, que as incentivou a agir de forma incorreta. É também bem mais fácil acreditar que você tem sido uma vítima de outras pessoas que tiram vantagem de você do que uma vítima de sua própria ingenuidade ou curiosidade. Ou melhor, costumava ser mais fácil acreditar em tais explicações, mas agora você está despertando e não há como desistir ou parar.

Não há pessoas más. Há apenas pessoas perdidas, que fazem coisas más. Há também pessoas doentes. Pessoas deturpadas. Pessoas desconcertadas. Há pessoas diferentes por toda a parte, mas que embarcaram nessa aventura, assim como você, sendo uma "partícula de Deus", em busca de seu caminho nas selvas do tempo e espaço. Cada uma delas é repleta de boas intenções, mas algumas são tão fundamentalmente confusas ou novas para o tempo e espaço, que têm um comportamento horrível. A diferença entre você e elas é que você talvez tenha vivido milhares ou dezenas de milhares de vidas a mais, enquanto elas podem ser verdadeiros bebês, cheios de medo, sem quaisquer mecanismos de defesa, a não ser o ódio, a raiva, o desprezo, a manipulação, a coerção e a violência. Na vida, não se pode aceitar que tudo o que acontece entre duas pessoas é sempre igual. Nada é igual para sempre.

Mais do que qualquer outro, aqueles que estão perdidos precisam de amor. Ajuda. Orientação. Paciência. Contudo, muito provavelmente, se eles estão muito distantes da verdade, pode não haver tempo suficiente nessa vida para que eles encontrem equilíbrio e clareza. Eles não estarão a salvo, nem para eles mesmos, nem para outros que, de modo semelhante, acreditam que o mundo é um lugar ruim. Eles precisam de reabilitação, se possível em um local que lhes proporcione nutrição (espiritual) e apoio. Contudo, se a sociedade *acredita* que isso não é possível, emocional ou financeiramente, essas pessoas perdidas também podem tentar se aprimorar em prisões e instituições dedicadas.

O sofrimento das crianças

Não importa quantas vezes estivemos em vidas nas selvas, todos somos antigos gladiadores de amor e alegria. Da mesma forma, não importa a idade física das pessoas. Mesmo que elas sejam bebês ou crianças pequenas, elas *são antigas*. E elas têm inúmeras razões para sofrer.

As principais razões pelas quais coisas horríveis acontecem às mais inocentes vidas são:

- talvez um antigo gladiador deixou negócios inacabados em uma vida anterior... ou...

- talvez tenha se colocado em um determinado cenário, frente a determinadas pessoas, para proteger alguém... ou...

- talvez tenha havido inicialmente uma oportunidade de se evitar tal sofrimento, mas a pessoa escolheu ir por outro caminho... ou...

- talvez porque, apesar de breve, sua vida já tivesse lhe proporcionado tudo o que ela tenha vindo buscar, e seu triste fim tenha desempenhado um papel muito menor para ela do que para os que ficaram, que, por sua vez, aprenderam suas próprias lições com sua partida... ou...

- talvez houvessem múltiplas razões para o sofrimento, sendo que uma delas era atrair a atenção de outras pessoas – membros da família, entes queridos, uma nação, ou o mundo todo – para que sofrimentos semelhantes pudessem ser evitados.

Nesses casos, não seria a "vítima", na realidade, um grande herói?

Por favor, seja paciente; essas são ideias muito novas. Há mais informação por vir, e isso deve ajudá-lo com esses conceitos radicais. O importante é saber que não há dúvida de que coisas terríveis e tristes aconteçam no tempo e espaço, mas se você tentar compreendê-las apenas com seus olhos, não verá tudo. Abra seu coração e sua mente.

> Agora você está despertando e não há como desistir ou parar.

Quando tudo parecer totalmente injusto, é necessário enxergar o contexto maior, para descobrir que intenção, cura, ordem e amor estavam e estão presentes o tempo todo.

Erro e culpa (mais sobre a "culpa da vítima")

"Então os que tropeçam ou são feridos por outros, as vítimas, devem ser culpados pelo que supostamente atraíram sobre eles mesmos?!"

Novamente aqui encontramos a síndrome da "culpa da vítima". Isso é comum, principalmente quando essa verdade é revelada para olhos que estiveram fechados por muito tempo. Mas essas três palavras presumem coisas que não se aplicam. A culpa não tem espaço na equação que explica que você é um Criador eterno, que se inscreveu e está cursando a "Escola de Criadores".

Considere um bebê aprendendo a dar seus primeiros passos. Como você pode imaginar e prever, ele tropeça e cai. Ele deve ser culpado? Foi uma falha dele? Você certamente poderia dizer "sim" para ambas as perguntas; mas você diz? Essas respostas captam a essência do que está acontecendo? Ou elas são desnecessariamente negativas e inapropriadas? Além disso, elas não fazem que o evento seja mais parecido com uma história do que com um processo? Mais um destino do que uma jornada?

E se você disser: "Veja! Nosso bebê está aprendendo a andar! Ele está dando seus primeiros passos!". Nenhuma observação a ser feita aqui. Você não coloca a culpa nele por balançar e cair. Isso é mais do que uma análise do tipo "uma garrafa meio cheia ou meio vazia"; sua nova perspectiva reconhece que há um processo em andamento (aprender a andar), e isso é bem maior do que o evento único de um passo ou um escorregão. E esse processo elevará o bebê a novos domínios de mobilidade, aventura e aprendizado. Na verdade, a garrafa está completamente cheia: metade com água e metade com ar.

A vida nas selvas é um processo que oferece aventuras e um crescimento tão espetacular que não pode sequer ser imaginado de dentro das ilusões. Contudo, a vida nas selvas é suficiente em si mesma. Embora existam promessas de aventuras incríveis no futuro, o momento presente sozinho é o que basta para começar uma vida mais feliz e cheia de diversão. Você está inscrito na "Escola de Criadores", mas essa instituição não é dura e difícil; ela parece mais com um jardim de infância – com amigos risonhos, viagens diárias ao campo e estrelas brilhantes para aqueles que comparecem. Não se atenha ao feio, mas sim ao belo; não se concentre no que é duro ou complicado, mas sim no que é simples e divertido: arco-íris, borboletas e neve caindo. Bondade, abraços e beijos. Golfinhos, lavanda e Beethoven. Piscadelas, confiança e mãos dadas. Saltos, pulos e brincadeiras. Mentores, amigos e ajudantes. Natação, mergulhos e areia. Romance, ternura e presentes.

A vida é justa?

A vida é como um sonho. Você a cria por uma razão – lições e aventura – e ela tem significado, ordem e propósito. Mas você não sabe que a está criando. Somente assim, acreditando (brevemente) que ela é real, é que você consegue aprender suas lições e seus segredos. Está tudo bem. E, quando o sonho acabar, ele fará perfeito sentido. Você verá que, assim como um pássaro, ele se equilibra enquanto voa. Não deixe que o tempo linear, as sequências e as propostas rígidas, o enganem; sequências mudam, formas mudam e passados são refeitos a cada momento. Não, você nunca será capaz de compreender tudo isso, mas você não precisa entender tudo isso para perceber o que está se acontecendo. Para deixar de ser a vítima, movimente-se e comece a voar.

Seus sentidos físicos não conseguem ver a magia, o amor, ou as razões para os milagres que acontecem em cada momento que você vive. Todavia, você tem outros recursos à sua disposição. Você tem sentidos internos: intelecto, intuição e sentimentos. Use-os para identificar as mentiras. Descubra as verdades que o deixarão livre e lhe darão asas; e, mesmo enquanto você aproveita o seu tempo sobre a Terra, saiba que:

1. Não importa onde você já esteve, isso sempre o ajudará.

2. Não importa onde você está agora, porque o lugar onde você está nunca é quem você é.

3. Você pode, a partir de hoje, com novos pensamentos, palavras e ações, criar uma nova vibração que vai definir suas novas "sortes, acidentes e casualidades", fazendo que você vá em frente, voe mais alto, seja mais rico e mais feliz – *viva*!

Na verdade, querido leitor, *a vida não é justa* – as cartas estão incrivelmente arranjadas a seu favor.

DE UM QUERIDO FALECIDO

Caros funcionários da loteria,
Sinto muito por todos os telegramas grosseiros que lhes enviei. Acho que enviei um por dia, durante muito tempo.
Eu entendi. Nada foi fraudado. Não foi falta de sorte. E racismo claramente não foi o fator.
Pensamentos tornam-se coisas, e as emoções mandam. São elas, com as expectativas das pessoas, que decidem e tornam possível o próximo conjunto de propósitos e eventos da vida. Não importa quantos bilhetes alguém compra, a menos que isso aumente suas próprias expectativas de ganhar. Estatísticas medem apenas o passado, não o futuro. E não importa o que é necessário para uma pessoa ter a vida que ela sonha. Uma combinação excepcional de ganhos, perdas, inspiração, hesitação, melhores amigos e inimigos vai trazer tudo o que ela quer no mundo físico.
Sim, eu acreditava que poderia ganhar, tudo bem. Eu não teria comprado os bilhetes se não acreditasse! E eu visualizava com tanta frequência, geralmente antes de cair no sono, que mundos novos nasciam. Mas agora vejo que, às vezes, a diferença entre ter e não ter é a nossa capacidade em reconhecer o que temos. Eu fazia o oposto: pensava que o mundo era injusto, que o dinheiro era não espiritual (e eu sempre me esforcei para ser espiritual, apesar de meus telegramas grosseiros), que a vida era um teste, que Deus decidia quem conseguiria o que, que eu não merecia ganhar, ou ter dinheiro, ou ser feliz...
É engraçado como agora, daqui, eu vejo dinheiro por toda parte no tempo e espaço. Todo mundo o tem. Eu mesmo o tinha,

embora pensasse apenas no que eu não tinha, e me sentia pobre. E os sentimentos tendem a se perpetuar enquanto nossa vida se rearranja para combinar com esses próprios pensamentos. É surpreendente que eu tenha conseguido manter alguma coisa de valor. Eu, provavelmente, mereci. Acho que, na verdade eu, eu era mais positivo do que estou imaginando agora.

Daqui posso observar todas as pessoas atraindo riqueza para suas vidas fazendo a mais simples das coisas... como trabalhar em um emprego! Sério? Enquanto eu estava vivo, nunca teria procurado um emprego para ganhar dinheiro. Não importa se você trabalha por conta ou para alguma outra pessoa. "Trabalho", mãos à obra. Essa é a maneira mais fácil e rápida de abrir as comportas financeiras. Sabiam disso? Trabalho inteligente, fazendo perguntas, chegando cedo, ficando até tarde e, apesar das aparências, fazendo tudo o que parece certo para você mesmo. Não apenas em grandes empregos sofisticados, com títulos longos e complicados, cheios de pré-requisitos e sofisticação; as pessoas que tipicamente vencem na vida, na maioria das vezes, não têm nada disso. Vá em frente, olhe ao redor e você verá se isso é verdade ou não.

Engraçado como eu, assim como tantos outros, sempre achei que a melhor coisa do mundo era ganhar muito dinheiro, enquanto, na verdade, há tantas outras coisas melhores – como simplesmente viver sua vida e se divertir! Diversão! Somos um ímã de dinheiro quando somos e estamos felizes. Tentar ganhar sua fortuna como se fosse a única maneira de ficar feliz é uma trilha rápida para o aborrecimento e para a miséria. E nada muda se você, de algum modo, conseguir essa fortuna.

Ser feliz o torna um ímã para todas as outras coisas também. De fato, daqui podemos ver que as pessoas verdadeiramente felizes são aquelas levadas por sua própria alegria e, por isso, têm sonhos alegres, dançam e se divertem no mundo todo dia. Elas nem sequer precisam pensar em dinheiro para ter dinheiro, em saúde para ter saúde, em amigos para ter amigos, em clareza para ter clareza, em oportunidade para ter oportunidades... tudo vem a elas porque a felicidade se perpetua – não é ser "feliz sem nenhuma razão", mas sim ser "feliz por uma diversidade de razões", *materiais e etéreas. Suas vibrações geram novas situações, novos amigos, dinheiro, confiança, inspiração e todas as coisas necessárias para que continuem a ser felizes, da maneira que mais lhes convier. Sim, pensamentos tornam-se coisas, mas pensamentos de felicidade tornam todas as coisas boas, e é isso mesmo que significa felicidade verdadeira. Eia! Pessoal da loteria! Isso é muito importante. A vida não é apenas justa, ela é mais do que justa, ela é um banquete sem fim para os que vivem na verdade.*

Nada é como parece no tempo e espaço, em especial para os que têm pressa. Invariavelmente, o atalho acaba se tornando o caminho mais difícil, enquanto os que parecem ser os caminhos lentos e difíceis acabam se tornando os mais corretos. Daqui por diante vou escolher o "caminho feliz", e não me preocuparei mais com o tempo.

Bem, vocês me ensinaram bastante, funcionários da loteria. Bastante. Definitivamente, sinto-me como um vencedor agora. E, de novo, espero que minhas cartas anteriores não tenham entristecido seus espíritos, e também espero que esta carta não os desanime de vender.

Jethro, o que está evoluindo.

Veja mais, sare mais rápido, durma melhor

Há pouco descanso para os cansados, especialmente para os que sofrem pelo seu passado ou sentem a dor de outros feridos ao redor do mundo. Essas palavras não pretendem negar ou minimizar a experiência dessas pessoas; elas servem apenas para oferecer alguma base para que você compreenda melhor as manifestações de dor, consiga oferecer conforto e saiba limitar as chances de ocorrência de tais eventos.

Veja mais. Olhe com mais compreensão. Ajude os outros a ter uma recuperação rápida por meio do uso de seu poder. Ajude-se a fazer o mesmo. A vida está esperando. Você é abençoado. Dome as selvas e você descobrirá um mundo pronto para preencher toda a sua vida.

Por falar em domar as selvas, elas existem aqui. E adivinhe quem são os reis e as rainhas agora? Leia adiante.

CAPÍTULO 9

SEUS "ANTIGOS" ANIMAIS DE ESTIMAÇÃO CONTINUAM LOUCOS COMO SEMPRE

Será que você teria pensado menos?

Se doenças como o câncer realmente conferem dádivas de mudança de vida, se contratempos são preparativos para fatos grandiosos, e se mesmo a "morte" é, na verdade, um ponto de encontro para entes queridos, certamente você imagina que os planos do Divino para seus queridos bichinhos de estimação, fofinhos e felpudos, sejam também agradáveis, não é? Afinal, eles também são partículas de Deus, iluminados em amor, melhores amigos para a vida e além, não são?

Sim. Isso tudo e muito mais. Além de você ser amado incondicionalmente pelos feixes de amor representados pelo Fido e pela Fifi, você também recebe, por meio da presença deles em sua vida, um convite para amar como você não poderia ter amado de outro modo. Eles também lhe ensinam lições de compaixão, tolerância, paciência ou qualquer outra coisa de que você necessita. Não, eles não aparecem em sua vida para testá-lo. Já vimos que você mesmo cria seus próprios testes por meio de mal-entendidos. Esses amigos aparecem, na verdade, para ajudá-lo a se desviar da tempestade.

Sábios são os meios do Divino. Ele não é o responsável por orquestrar as circunstâncias complicadas de sua vida – *apenas você pode fazer isso* –, mas sim de elaborar as selvas onde tudo acontece, onde tudo tem profundidade e significado. E os animais de estimação pelos quais você se apaixona fazem parte desse processo de elaboração.

Não é difícil imaginar que, imerso nas ilusões como você está, ao acompanhar o fim da vida de um de seus jovens companheiros, você se sinta devastado, triste e com um profundo senso de perda.

Parece até que Deus entrou e saiu de sua vida. Mas as perdas somente são devastadoras quando você pensa que são permanentes. E elas nunca o são. Seus entes queridos, felpudos e fofinhos, estão aqui. Tão felizes como sempre foram. E vocês estarão juntos de novo, e vão se apaixonar ainda mais profundamente. Nada se perdeu, na verdade, muito se ganhou. Você verá – e isso, também, os "mortos" desejam lhe dizer.

> **Perdas somente são devastadoras quando você pensa que são permanentes. E elas nunca o são.**

Consciência animal

A principal diferença entre a consciência animal e a sua é que os animais não possuem capacidades reflexivas. Eles não são conscientes de si mesmos como você. E esse é o motivo pelo qual eles não criam expectativas nem fazem julgamentos, o que, por sua vez, significa que eles estão completamente despreocupados com o passado e o futuro; isso permite que foquem quase exclusivamente no presente. Seus instintos, somente, são suficientes para orientá-los ao comportamento mais sábio para sua sobrevivência. Sendo assim, eles amam, temem, confiam, ressentem, guardam, descartam, protegem, invejam, obedecem e sentem genuinamente muitas das mesmas emoções que você sente – só que, em geral, em doses mais saudáveis e imediatas.

Contudo, apesar de todo o seu foco no momento, eles não são Criadores, como são os seres humanos; seus pensamentos não se tornam coisas. Eles reagem perante as situações apresentadas a eles pelo mundo, não são responsáveis por projetá-lo. Eles também são puro Deus, de Deus, por Deus, embora eles existam:

1. Para perceber, experimentar e se alegrar na magia do mundo e...

2. Para criar novas dimensões de aprendizado para os que têm capacidades de autorreflexão, como você.

Eles conseguem isso pela criatividade, vivendo cada momento, seguindo impulsos e necessidades com o desejo inato de brincar e explorar. Além disso, sua simples presença torna o mundo mais interessante, diverso, divertido e interativo para os que têm a capacidade de autorreflexão. Eles também colaboram para o equilíbrio dos ecossistemas, acrescentam credibilidade para o tempo e espaço, e ajudam os seres dotados de reflexão a não pensar em excesso.

Geralmente, a consciência animal que *não* foi tocada por um relacionamento com um ser dotado de capacidade de autorreflexão não reencarna. Isso acontece porque esses animais não têm nenhuma vivência de manifestação e, portanto, nenhum negócio inacabado. Eles, contudo, não deixam de existir; não desaparecem; não voltam para o Divino. Lembre-se, isso somente poderia acontecer se o tempo fosse absoluto. O tempo é uma ilusão. Enquanto você estiver no interior dele, não conseguirá compreender isso, mas uma vez que qualquer ser ou partícula de Deus passa a existir, ele existirá eternamente em um "agora" em permanente evolução.

A consciência do animal de estimação

A consciência do animal de estimação é como a consciência de qualquer outro animal – puro Deus, "viva" e respondendo a tudo –, apenas sofreu uma mudança por causa da personalidade e do amor de seu dono.

Animais absorvem e reagem à energia daqueles com quem convivem. Expectativas são suavemente despertadas, e isso é o suficiente para mudar sua evolução espiritual. Além disso, a projeção das qualidades humanas de seus donos faz que exista uma *insinuação dessas qualidades sobre eles*. E, como seres reagentes, eles refletem as energias que recebem. Personalidades mais ricas assim se desenvolvem, e eles começam a ter uma perspectiva do que há por vir, não como seres dotados de autorreflexão, mas com capacidade de continuar explorando e expandindo-se para novos níveis.

Em qualquer casa com animais de estimação, é fácil perceber que os bichanos vão ao encontro das expectativas impostas sobre eles (por exemplo, comportar-se bem ou mal, dar alegria ou proteger). Eles também refletem a paciência, a compaixão, a exuberância, o mau-humor, a abertura e a timidez dos que estão ao seu redor. Os donos podem sempre descobrir "a si mesmos" em seus animais de estimação.

Animais de estimação amados não apenas evoluem para um eterno "agora", mas também desenvolvem personalidades, têm suas próprias vontades, intenções e desejos. Essas manifestações são fatores suficientes para gerar negócios inacabados e um retorno a uma encarnação subsequente no tempo e espaço, seja com os mesmos donos ou com outros. A escolha de para quem retornar fica a cargo dos envolvidos.

Quem resgatou quem

Todas as conexões de tempo e espaço têm uma preparação que as antecipa. Uma mistura de pensamentos, expectativas e desejos (que também podem ser chamadas de crenças ou vibrações) que acontecem no "não visto" – inclusive com os animais –, precedem quaisquer circunstâncias do mundo físico e, posteriormente, desencadeiam encontros. E foi assim que você veio a encontrar e adotar seus amigos felpudos, supondo que você tenha algum. Ou melhor, foi assim que eles vieram a encontrá-lo e adotá-lo.

Tanto para conexões de primeira vez, como para a continuação de negócios inacabados, as casualidades levam a "acidentes e coincidências", que possibilitam que os mais autênticos, espontâneos e críveis eventos reais venham a ocorrer, reunindo as partes amorosas.

Os semelhantes se atraem. Pensamentos, pessoas, animais, animais de estimação. Sabemos que sempre existem múltiplas escolhas e probabilidades no seu mundo de ilusões para atender a cada necessidade. Portanto, o fato de você "encontrá-lo", ou de ele "encontrar você", ou ainda de vocês "se encontrarem" tem um significado profundo e uma precisão impecável. O mundo não iria e não poderia ter prosseguido sequer mais um dia no caminho em que estava, até que vocês fossem apresentados um ao outro, para serem moldados um pelo outro, para aprenderem um com o exemplo do outro, para ensinarem, rirem e curarem.

Consciência das plantas

Sei que você vai perguntar. Sim, as plantas têm consciência. Não como os vivos, ou como os "mortos", ou os animais selvagens ou de estimação. Mas elas são conscientes, são inteligentes e anseiam se expandir. Elas são simples. Elas são alegres. Elas são puro Deus. E *respondem* ao seu meio ambiente – à luz do sol, à água, aos pássaros, às abelhas e a todas as outras formas de consciência que compartilham seu tempo e espaço. Elas respondem, em especial, às suas expectativas e aos seus sentimentos, bem mais do que à sua voz. Fale com suas plantas esperando que elas respondam positivamente e elas o farão, não porque você falou com elas, mas por causa da energia, das intenções e das expectativas que foram transmitidas por suas palavras.

Assim como os animais selvagens e os de estimação, as plantas compreendem que sua existência é fundamental à sobrevivência da vida – para tudo o que existe dentro das selvas – e para a própria Terra. Elas sabem que existir é servir. Contudo, a sobrevivência não é a sua meta; é apenas um primeiro passo. Prosperar é a meta para toda a forma e expressão de vida. Quando uma espécie prospera, crescendo saudável e forte, tudo é ajudado. E toda vida sente isso, com exceção da maioria dos humanos, dado o estágio inicial do desenvolvimento de sua raça.

Embora haja um reconhecimento universal das simbioses que atuam no tempo e espaço – onde cada partícula, célula ou espécie está servindo o bem maior do todo por meio de sua mera existência –, todos os seres compreendem e honram sua sagrada e insubstituível individualidade.

> Os humanos são a espécie que mais pode afetar outras espécies.

Eles compreendem que é sua expressão única, tanto quanto sua contribuição para o todo, que acrescenta e expande a própria definição de "Tudo Que É" – a própria razão de eles existirem.

Golfinhos e baleias

Mais do que os animais de estimação, que são – ou não – amados pelos humanos, existem outras espécies sobre a Terra que possuem profundas capacidades intelectuais, emocionais e de autorreflexão. Para essas espécies, a variedade de aventuras e descobertas possíveis não pode ser contida em um mero tempo de vida. Assim, da mesma forma que os humanos reencarnam (ou algo do tipo, como já vimos antes), o mesmo se dá com golfinhos, baleias e, muito provavelmente, com algumas outras espécies.

Os mortos adorariam dar mais detalhes sobre esse trecho, mas eles são apenas mortos, e não seres oniscientes. Talvez um dia, *As 10 coisas mais importantes que os seres oniscientes querem dizer a você* seja escrito e publicado, *mas você não vai precisar lê-lo para começar imediatamente a respeitar e reverenciar toda a vida*, reencarnada ou não. Além disso, o tema já é suficientemente fascinante. Não importa se são os elefantes, polvos ou corvos que reencarnam. O que importa é sua vida agora. Seus desafios, suas descobertas, seus esforços, tudo o que você é capaz de fazer hoje, sem precisar estudar o pós-vida dos animais. A vida de toda criatura, cada uma sendo *de* e *para* Deus, é obviamente conhecida e compreendida por Deus, servindo ao seu propósito, cumprindo seu papel. E, sempre que for relevante, sem dúvida, o conhecimento chegará até você.

Voltando aos golfinhos e às baleias, assim como com os seres humanos, algumas são almas-bebês, outras são experimentadas e mais sábias. Algumas descobriram que o amor e a compaixão são as únicas escolhas que proporcionarão alegria e plenitude duradouras; outras ainda estão descobrindo seu caminho pela experimentação, errando, sofrendo e se irritando no processo. Elas se comunicam tanto por telepatia (assim como o fazem milhares de outras espécies terrestres, sem o nosso conhecimento), quanto por sons ou pelo comportamento. Expressão, cooperação e serviço podem ser designados como razões primordiais para a existência desses seres, assim como acontece com você; mas paciência, tolerância e outras lições são também parte do aprendizado deles.

Eles são seres de amor, assim como você. Diferentemente das plantas, outros animais e animais domésticos, contudo, eles têm vontade criativa, intenções e visão em perspectiva, o que aumenta de maneira radical as futuras possibilidades e probabilidades para sua evolução espiritual. Eles são, de fato, seus irmãos de mães diferentes, partículas de Deus plenamente desenvolvidas. Pequenas frações individuais do Divino.

Domínio sobre todas as coisas

Antes de mais nada, um comentário: "Domínio sobre todas as coisas" é uma citação que veio da Bíblia e se espalhou por grande parte do mundo. Às vezes, ela é mal interpretada e confundida com citações como "poder sobre todas as coisas" ou "faça o que você quiser com todas as coisas". Como ocorre com a maioria dos livros sagrados, cujos sentidos originais foram perdidos na tradução, essa expressão tem sido usada erroneamente. Isso progrediu de tal forma que há quem acredite que galinhas, gado e peixes existem apenas para servir de comida aos humanos.

Você pode fazer tudo. Você tem livre-arbítrio. Você tem a capacidade. Você não será julgado, de qualquer modo. Mas o fato de você *poder* fazer algo não significa que *precise e deva* fazê-lo.

Lembre-se de que, com grande poder, vem grande responsabilidade. Na posição de única (conhecida) espécie habitando este planeta dotada de pensamento, perspectiva e polegar opositor, os humanos são os que mais podem afetar outras espécies. Nós, portanto, temos *a maior responsabilidade sobre todas as coisas.* Como nos multiplicamos aos bilhões, nossa presença é tão extensa e impositiva que não temos outra escolha senão considerar outras espécies quando tomamos decisões que irão afetá-las. Temos, portanto, sem intenção, nos tornado de fato *guardiões sobre todas as coisas,* incluindo nosso próprio precioso planeta. Estamos começando a ver claramente o poder que temos sobre nosso ambiente, nossos alimentos e recursos naturais, e, conforme progredimos, começamos agora, dentro de nosso alcance, a ver também nossas responsabilidades. Novamente, era sobre esse despertar que todos nós comentávamos em 2012: aceitar ou resistir ao nosso papel de responsáveis por nosso mundo, *individual e coletivamente.*

A propósito, se sabemos que domínio sobre "todas as coisas" – inclusive árvores, rochas e montanhas – não significa "comer todas as coisas", por que pensamos isso em relação a alguns animais? Somente porque são comestíveis? Mas, nesse caso, besouros, grama e até seres humanos também o seriam. Ou então porque seus ancestrais os comiam? Mas eles eram, na maior parte, almas-bebês. Ou será que é porque nós precisamos criá-los e sustentá-los? Não, isso é nossa obrigação com nossos filhos. Afinal, não existem muitas outras razões óbvias para a existência de animais a não ser sua alimentação, correto? Mas e os recursos, custos e sacrifícios – financeiros e ambientais – associados à conversão dos animais em alimentos? Eles também existem em produtos para uma dieta não animal? E a imensa diversidade de outros alimentos disponíveis, que há muito tempo já se comprovam cientificamente equivalentes aos derivados de animais, em termos nutritivos?

Você deve estar pensando que os animais em questão conheciam as probabilidades de ser consumidos como alimento, e que eles escolheram esse caminho. Mas, do mesmo modo, *as pessoas também conheciam as probabilidades de possíveis violações ou agressões antes de escolherem uma vida, e elas escolheram vir de qualquer forma, mas isso não justifica qualquer violação ou agressão que venham a ocorrer.*

Caso essa discussão tenha despertado sua curiosidade, saiba que a melhor solução para se resolver este "dilema onívoro", é perguntar a si mesmo antes de qualquer refeição: "Será que as opções de carne diante de mim são necessárias para minha *sobrevivência* ou apenas mais convenientes do que outros alimentos?". Sem dúvida, se você estiver morrendo de fome, até mesmo os animais que você come ficariam felizes em saber que a vida deles está potencialmente prolongando a sua. Mas se não for esse o caso, contudo, você pode reconsiderar suas opções e tentar contribuir para o bem-estar de outras espécies, que igualmente anseiam a experiência chamada "vida sobre a Terra".

Consciência alienígena

Sim, vamos falar sobre outros planetas. Eles são reais. Alguns de nós somos seus descendentes; e alguns deles são nossos descendentes. As linhas de origem não são claras, mas isso não é importante. Além disso, qualquer definição objetiva de origem vai depender das "mentiras" do tempo e espaço. Assim como aquele velho debate do "quem veio primeiro, a galinha ou o ovo", nada é conclusivo e tudo é muito fútil.

Basta saber que: você não está sozinho, você vive em um Universo amoroso, nada é por acaso, todos estão fazendo o seu melhor (como eles então o definem), cooperação equilibrada é essencial sempre que dois ou mais compartilham um determinado "espaço" (espaço esse que é sempre criação das pessoas que o ocupam), e aceitar responsabilidade pessoal por tudo o que você experimenta é crítico para descobrir seu poder de forma decisiva; individual, coletiva e "interplanetariamente".

Mãe Terra

Uma grande rocha? Um produto de sua imaginação? Ambos. Mas rochas e imaginação podem ser muito mais do que você jamais pensou que poderiam ser.

Para ir direto ao assunto, a Terra também tem consciência. Pensar nela, falar sobre ela, ter expectativas em relação a ela, tudo isso *acrescenta* à consciência da Terra. Mas ela já estava "vivendo e respirando" muito antes de você aparecer fisicamente – na verdade, ela foi gerada para que você *pudesse* aparecer fisicamente.

Pense em seu próprio corpo. Do que ele é feito? Elétrons e prótons, átomos, moléculas e coleções químicas, tudo em movimento; tecidos, ossos, e órgãos; extremidades, tronco e cabeça. Então, pergunte a si mesmo onde "você" reside dentro dessa obra de arte. A consciência, o você pensante? Seria na cabeça? Em algum lugar no cérebro – lobo frontal, lobo temporal? Ou no coração? Ou no plexo solar?

> Seus animais já existiram para você; agora eles existem por causa de você.

O "você" pensante, *como você sente*, não é um produto de seu cérebro; ele é canalizado por seu cérebro. Ele não reside fisicamente em seu corpo. *Você sabe disso*. Mesmo quando você espia o mundo *através* de seus olhos, não *a partir* de seus olhos, sua essência transcende as ilusões. Seu corpo físico é o portal de seu espírito, o fragmento de Deus constituído por você, o meio pelo qual você experimenta fisicamente e molda o mundo que você cria. Mas assim como toda forma de consciência, ele também tem sua própria percepção, independente da sua; ele existe para servir, mas tem suas próprias experiências e sua própria expansão.

É o mesmo acontece com a Mãe Terra. Ela é mais do que uma coleção de líquidos, gases e rochas; desertos, oceanos e montanhas; núcleo, manto e crosta; embora fisicamente ela seja tudo isso. Ela existe para que você e todas as suas formas de vida possam existir, entretanto, ao "ser", ela se torna sua própria forma de vida com sua própria consciência, que é maior do que a soma dos papéis que ela cumpre. Ela está viva, mas seu centro espiritual não está localizado em lugar nenhum, nem no hemisfério norte, nem no sul. Assim como acontece com você, o corpo da Terra é o portal pelo qual "seu" espírito emerge, dotado de intenção, propósito e desejo.

Ela não existe, portanto, apenas para que você viva nela. Ela é uma espécie de energia fluida, móvel, "viva", inteligente, independente, embora entrelaçada com a consciência de todos os seres que a habitam, criando e recriando a si mesma a cada momento.

Ela sabe que você está ainda aprendendo suas responsabilidades. Ela é paciente. Ela pode se adaptar e compensar, e é isso o que ela faz. E agora, já que você sabe de tudo isso, está na hora de começar a fazer o mesmo.

Vocês se encontrarão de novo

Há uma razão e ritmo para tudo o que acontece, inclusive a presença desses seres que o amam em sua vida, não importa a espécie.

Seus amigos felpudos, antigos e atuais, são seus colegas e professores. Por meio deles, "Deus" consegue tocar profundamente em você, mais precisamente na parte física da criação, abrindo seu coração e mente. Eles são anjos com patas, bicos, guelras e caudas. Seus animais de estimação já existiram para você; agora eles existem por causa de você. Por serem amados por você, esses seres conseguiram despertar suas próprias vibrações, e agora, enquanto você lê essas palavras, eles têm um espírito voando e vivendo. O jeito engraçado e divertido que eles tinham, e que eram sua marca registrada, continuam divertindo a todos que estão à sua volta. Eles mantêm esses traços, como se fossem uma dádiva muito especial e eterna... uma pequena parte de você. Sua compaixão e amor são agora parte deles e o serão para sempre. Eles estão muito orgulhosos, felizes e ansiosos para lamber seu rosto novamente, balançar sua cauda, ronronar seu pequeno coração em seu colo aconchegante. Contudo, eles são suficientemente sábios para saber que aquele fatídico dia era inevitável, assim como você também sabia. Entrementes, eles brincam, curam outros, expandem-se e progridem, enquanto aguardam pacientemente sua volta ao lar, que é exatamente o que eles desejam que você saiba... e faça.

DE UM QUERIDO FALECIDO

Querida mamãe,
Você nunca vai adivinhar onde estou...

Na floresta!

E você nunca adivinhará a cor de tudo por aqui...

Verde!

A vida é fantástica aqui – coisas para procurar, correntezas para nadar, gramados para rolar... Há também um turista que parece perdido, que pensa que me encontrou e me resgatou. Mas não importa. Eu brinco e ensino as pessoas a atirar coisas para eu pegar. Também mostro a eles como confiar e amar de novo. Como fazemos na Terra.

Você ficaria surpresa em saber quantas pessoas aqui precisam de nós. De verdade. Lembra-se de como lhe ensinei a deixar de sentir pena de si mesma? Isso vem a calhar aqui. E lembra-se de como a ajudei a esquecer-se de seus namorados? A acreditar em si mesma? Esses eram meus melhores truques, e eu os uso aqui também.

Como você está? Você está saindo da cama na hora sem mim? Você ainda ri alto sem nenhum motivo?

Espero que não se incomode, mas estou muito feliz. Espero que não fique com ciúmes. Algumas mamães ficam. Às vezes, elas sentem tanta falta de seus animais de estimação que eles não podem ir em frente. É claro que os animais de estimação não ficam irritados – eles amam suas mamães mais do que a própria vida. Mas, se suas mamães estão tristes, então eles ficam tristes. E por que ficar triste quando tudo é tão bom? Quando todo adeus é a garantia de um elogio carinhoso no futuro? Quando há tanta gente (e bichanos também) que precisa de você neste exato momento? Tanta gente...

Além disso, como sentir falta de alguém que está com você?

Por que chorar pelo que parece perdido quando ainda há tanto para descobrir?

Por que deixar a tristeza do que "não é" tomar o lugar da esperança do "ainda é, e deve sempre ser"?

Por que ver a vida apenas com seus olhos, se seu coração pode lhe proporcionar uma visão muito melhor, ultrassecreta, interdimensional e de raio X?

A não ser, é claro, que você não conheça nada melhor.

Mamãe, você me deu meus olhos, meu coração e meu amor pela vida. Sem você eu não teria prosseguido aqui como tenho feito. Você não sabe ainda, mas o que compartilhamos moveu não apenas o nosso, mas o mundo inteiro, o mundo de todos. Agora é minha vez de retribuir; portanto, por favor, ouça o que estou dizendo. Não pense que estou perdido, por sua causa eu fui encontrado. Não pense que minha vida acabou, em vez disso ela apenas começou. E não lamente o que não fizemos, aonde não fomos ou o que não tivemos; conhecer você foi mais do que eu jamais poderia ter esperado. Passamos grande parte de minha vida juntos... você não pode sequer começar a compreender minha gratidão. Por favor, celebre cada dia, aproveite cada momento, e ame, ame, ame tudo, todos, de todas as formas e por todo o tempo, assim como você tão incondicionalmente me amou.

Estou aqui por você, mamãe. O fato de que estou feliz não significa que não estou esperando por você. Você foi a melhor parte de minha vida. Nunca sairei para passear em lugares que seu pensamento não me alcance. E eu serei o primeiro a lhe dar boas-vindas quando você voltar ao lar...

"Quem soltou os cachorros?"[5]

Brutus.

P.S. E adivinhe o que mais! Lembra-se daquele brinquedinho brilhante de ouro que você deixou para mim sobre o sofá? Está no quintal, debaixo da escada – não é tão legal de mastigar e arranhar. Além disso, ele fazia você pensar demais em Jim e eu queria que você ficasse com Josh. Você vai encontrá-lo quando começar a sair mais. Oba! Oba!

Todo pardal

Os mortos querem que você saiba que nada e ninguém é deixado para trás. Nunca. Não existem cachorros maus. Todo gato tem muitas vidas. E você pode descansar tranquilo, sabendo que beijos molhados, lambidas e gorjeios esperam por você no próximo mundo, tão grande é o amor por trás da criação.

O sentido da vida é de fato o amor. Mas não aquele tipo de amor que você sente por aqueles que o amam de volta. Trata-se de um amor muito maior. Isso é o assunto que trata o próximo e último capítulo nesta lista dos dez mais.

---

5. Referência à música "Who let the dogs out?".

CAPÍTULO 10

O AMOR É A MANEIRA; A VERDADE É O CAMINHO

Ninguém sabe como tudo isso começou, nem mesmo os mortos, mas todos sabem que começou.

Na realidade, não sabemos quase nada, exceto que:

1. tudo é Deus;

2. pensamentos tornam-se coisas; e

3. amor é tudo.

No que diz respeito ao amor, não estamos falando daquele amor que é dado ou recebido por outras pessoas. Embora seja lindo, esse tipo de amor é ativado por condições. É uma ação que requer estímulo e razão.

Em vez disso, estamos falando de um amor:

- que acontece sempre e por toda parte;

- que acontece com uma benevolência que não precisa de aprovação ou julgamento para ser compartilhado;

- que traz dádivas que não precisam ser adquiridas ou merecidas;

- que consiste em uma alegria unificadora, terapêutica e imensa.

Contudo, esse é um tipo de amor que, com frequência, não aparece de forma transparente, pode parecer um tanto quanto obscuro e passar despercebido pela insensatez, pelo caos ou pela ingenuidade. O fato de não o conhecermos muito bem é consequência de se viver nas selvas hipnóticas do tempo e espaço. São elas que, não tão acidentalmente, tornam possível a jornada do *conhecer para desconhecer para conhecer* o que você chama de "vida".

> Ninguém sabe como tudo isso começou, nem mesmo os mortos, mas todos sabem que começou.

Os mortos, como você pode imaginar, querem que você sinta o que eles mal podem explicar. Somente assim você vai "saber" novamente.

Era uma vez

Considere, para ajudar em nossa reflexão, esse amor que acabou de ser descrito. Imagine-o como uma luz translúcida, límpida e clara, caindo como água de cachoeira sobre você: cobrindo-o por inteiro, vindo em ondas inexoráveis. Imagine-a o banhando como a luz do sol, encharcando-o como a chuva, acariciando-o como o ar e iluminando tudo. Tão envolvente que você pode até mesmo respirá-la e senti-la entrando em seus pulmões. É assim que você começa a imaginar Deus.

Esse amor penetra em você com total simplicidade, transporta-o, faz você se sentir bem e sorrir incessantemente enquanto desfruta de seu êxtase avassalador. Você desconhece de onde ele vem ou como começou. Mas isso lhe parece totalmente irrelevante. Esse amor "*é*" tanto quanto você "*é*", inegável e espantosamente consciente, extremamente confiante, feito de pura energia e orientado a uma alegria expansiva e progressiva. Esse amor é Deus.

Imagine também que, enquanto você observa o mundo físico ao seu redor, ele agora lhe parece ser tão translúcido como a luz do amor que o ilumina; você se dá conta de que todas as "coisas" *pertencem* a esse amor. Embora possa assim parecer, não é o amor que brilha e ilumina os objetos do tempo, espaço e da matéria; esses objetos, na verdade, são parte deste amor, assim como as cristas espumosas sobre as ondas do oceano, empurradas pelo vento, fazem na verdade parte do oceano, apesar de parecerem estar passeando sobre ele. Você vê que esse amor, em seu fluxo, pode assumir diversas formas, seguir padrões de maneira inteligente, organizar-se com propósito e intenção, e, *por meio* de cada adaptação, experimentar a si mesmo em novas situações.

Então, como se tivesse sido atingido por um relâmpago, uma nova revelação vem a você. Impressionado e surpreso, você considera que se tudo em torno de você é Deus, inteligência autocriada dentro de inteligência, aparições em movimento que podem ver uma a outra, isso deve significar, com toda a certeza, que *você é* exatamente a mesma coisa que você vê. Você é parte desse espetáculo, é o ator principal. Você vê que, de fato, é do Divino, pelo Divino, para o Divino – *puro Deus*, uma gota de chuva caindo entre incontáveis outras. O *autorreflexo* de Deus dentro do tempo e espaço. Você é parte do plano, embora também agora um elaborador do plano, pois você escolhe novas direções tendo como meta sua consciência. Assim, você descobre, então, o que é tão óbvio, embora inesperado: que você precisou esquecer de ter colocado tudo isso em movimento para sentir de maneira real as paixões que sua vida lhe oferece, dando significado à sua jornada. Tudo é exatamente como deveria ser. Não há outro plano. Nada mais tem de acontecer. *Você é Deus.*

O que os vivos dizem a você

As pessoas dizem coisas como: "Ora, vamos, olhe ao seu redor! Caia na real – o tempo está correndo e Deus está perdendo a paciência. Você foi posto na Terra pela graça divina e será julgado por todas as suas escolhas, sobre as quais Deus decidirá se você vai para o céu ou para o inferno". E, então, acrescentam: "Deus é misericordioso". Uau! Mas depois ainda vem: "Você vive apenas uma vez, seja no meio de festas ou da fome, paz ou guerra, como macho ou como fêmea, por pouco ou muito tempo, sob democracia ou ditadura. É assim que as coisas são. A justiça vem no próximo mundo. A vida é um teste, e todos devem ter fé no amor de Deus para enfrentar este teste". Amor de Deus? "Acredite e você receberá... Semeie e você colherá..." Ora essa! Melhor nem continuar! "Ponha as necessidades dos outros antes das suas próprias... O diabo cria trabalho para mãos ociosas..." Ah, meu caro! E, se você achar fissuras ou contradições na lógica dessa visão de mundo, é porque "Deus opera de maneiras misteriosas".

O que os mortos veem

Embora não percebam, os vivos, seus irmãos mais imediatos nessa jornada, são movidos pelo amor o tempo todo. Até mesmo um desconhecido estaria disposto a arriscar sua preciosa vida se o encontrasse à beira de uma ponte, caso realmente achasse que poderia salvá-lo. Os vivos possuem uma natureza boa; eles ativamente e com compaixão compartilham a preocupação pelo seu bem-estar; por outro lado, eles desejam que Deus "queime" aqueles que não seguem suas regras. Isso é no mínimo esquisito.

As pessoas se preocupam praticamente com tudo e com todos, o tempo todo. O problema é que elas estão tão ocupadas com as coisas que lhe são ditas (e, portanto, manifestando emoções acerca dessas questões), que, honestamente, não percebem ainda que na história de seu pequeno e belo planeta, nunca houve:

- Uma seca que não terminou.

- Uma tempestade que não clareou.

- Um relâmpago que não retrocedeu.

- Um terremoto que não parou.

- Uma inundação que não baixou.

- Uma epidemia que não foi, completa e definitivamente, erradicada.

É claro que os mortos não se preocupam muito com esse tipo de fato ou estatística. Mas não é preciso ser nenhum gênio para perceber que "o mundo lá embaixo" sobrevive a seus piores e mais cruéis desafios naturais. Podem vir, estamos prontos!

Os mortos, com sua vantagem de perspectiva, veem amor por toda a parte. Individual e coletivamente, animado e inanimado. Os vivos nem tanto, apesar de estarem sempre envolvidos por ele. Eles estão geralmente muito distraídos pelas ilusões do mundo e, por consequência, o amor acaba ficando em segundo plano. Afinal, você não pode comer um abraço ou proteger-se de uma tempestade com uma gentileza. Os mortos, porém, conseguem ver a conexão. Eles percebem que por meio do amor – não em um instante, mas aplicado consistentemente com o tempo – as ilusões podem ser domadas, manejadas e aproveitadas. Essa conexão constrói uma nova plataforma, que permite a coexistência do amor e da ilusão e oferece um novo tipo de expressão ao ser humano. O objetivo não é manipular, derrotar ou transcender o tempo e o espaço; mas sim compreender que suas ilusões dentro desse universo são a extensão de sua própria energia direcionada, assim como um braço ou uma perna. Quanto antes você ver isso, mais cedo poderá entender, mudar e desfrutar do tempo que passa com suas ilusões.

Os jogos do amor

O amor é a maneira de progredir. O amor veio primeiro, e continua lá para todos. Do amor, as ilusões "descenderam". Tomar erroneamente as ilusões pela realidade o impede de ver seu poder sobre elas – de ver que você é *do* amor, não *delas*. Somente a verdade o liberta. Portanto, o caminho das ilusões para o amor, do mundo material para o plano não físico, passando pela Terra, é feito... *pela verdade*. Parece familiar e lógico, não é? O caminho não passa por uma pessoa salvadora? Que pessoa salvadora? Todos são de Deus; todos são salvadores. Não, o caminho é trilhado pela verdade sobre o tempo, o espaço, a matéria e suas origens. Isso vai realmente libertá-lo.

Minha nossa, temos todos de concordar que essas metáforas têm sido mal interpretadas por muito tempo! Toda aquela história de Adão e Eva no Jardim do Éden, mordendo a maçã, tratava, na verdade, de seres *espirituais vivendo no mundo de sonhos da Terra*. Eles chegaram a um ponto de ruptura, progredindo em seu engano, misturando o que era "real" e o que era "ilusão", a tal ponto que realmente morderam *a ilusão* de uma maçã (porque tudo é ilusório) como se ela fosse real, desse modo tornando-a real para eles! A maçã então passou a simbolizar algo que devia ser evitado, combatido. Da mesma forma que devemos evitar e combater as ilusões presentes em nosso mundo hoje, e não ignorá-las ou desmerecê-las.

Não, isso não foi absolutamente uma coisa ruim, nem uma "grande desgraça" – exceto talvez do ponto de vista religioso –, mas sim algo positivo e incrível, pois permitiu que as engrenagens fossem acionadas. Uma verdadeira festança de amor podia agora começar (e de fato começou) dentro das ilusões, e todos agora poderiam iniciar (e de fato iniciaram) o *progresso* pela verdade, rumo ao amor e à nova supremacia sobre todas as coisas – "tanto na Terra como no Céu" ou, repetindo a expressão já utilizada, com "domínio sobre todas as *coisas*". Estando todos cientes de que estavam no papel de Criadores, passaram a viver, propositada, animada e alegremente, sobre esse oásis no meio do Universo. Com o coração cheio de energia, os pés felizes e o rosto sorridente, sentindo amor por todo mundo, por toda parte, sempre.

Então, com o perdão das frágeis palavras aqui utilizadas, talvez você possa agora ver que o *amor é a maneira*, a única maneira; ele torna tudo possível. E para os aventureiros da vida, que agora se divertem com esse "jogo do amor", abrindo caminho para expressar de maneira consciente sua divindade *dentro das ilusões*, ocasionalmente enfrentando dilemas dificílimos, nutrindo-se de carinho e alimento – em outras palavras, aventureiros como você – fica a mensagem: *a verdade é o caminho.*

Já começou

Você já percebeu a verdade, quando...
Nada fazia sentido, *a não ser a beleza da vida.*
Nada fazia sentido, *a não ser o amor que você sentia por alguém.*
Nada fazia sentido, *a não ser o amor que alguém sentia por você.*
Nada fazia sentido, *a não ser pelo fato de que você simplesmente sabia que aquilo fazia sentido, droga!*
E essas situações abrem fendas pelas quais a luz entra. Vendo o óbvio, questionando as contradições e notando como os outros parecem viver sob regras muito diferentes com resultados muito diferentes, o gigante adormecido começa a despertar. Bem na hora.

Quando existe dor, tristeza, doença ou carência, a verdade é convocada. Mas a verdade, inicialmente, vai parecer se contrapor às coisas em que você acredita; ela vai parecer ser a causadora da dor inicial! Mas se a verdade estivesse presente desde o início, não teria havido sofrimento. E, até que você esteja pronto para abraçar a verdade, ciclos de experiências dolorosas ou incômodas vão se repetir. Finalmente, depois de muito tentar e fracassar, você se rende e deixa de tentar combater aquela injúria inicial. E é justamente nesse momento que você descobre que, quando baixa a guarda, seu coração se abre, o amor se injeta, lágrimas tornam-se felicidades e você é elevado a uma órbita de amor mais alta do que nunca.

A partir daqui

Quer mais amor, agora? Hoje? Sem temor, veja mais a verdade, ignore as aparências. Não importa o quanto essa verdade ameace o que lhe traz conforto. Esteja pronto. Um amor inimaginável está à espera dos que ainda, agora, encontram "porto seguro" em mentiras:

Mentiras "porto seguro"

- As pessoas são ruins.
- Deus decide quem consegue o que e quando.
- A vida é um teste ou a vida não é justa.
- Materialismo corrompe.
- Quero ser amado pelo que sou.

Encobrimento provável

- Eu sou mau e uso os outros como desculpa.
- Eu não tenho nenhum valor.
- Eu não tenho controle nenhum e nenhuma responsabilidade.
- Eu não gosto de ser um humano, nem de estar vivo.
- Eu resisto à vida e temo desafios.

Verdades libertadoras, embora assustadoras

- Eu posso e tenho de mudar primeiro.
- Eu já sou bom o suficiente.
- Eu aceito plena responsabilidade.
- Dinheiro é espírito puro.
- Tragam os desafios!

Vá em busca do amor. Ouse ver as maiores verdades. Sempre haverá justificativas para cada item da primeira lista, mas elas são transitórias e limitadas. Quer por uma manifestação deliberada, quer por um equilíbrio natural da natureza, mudanças graduais e súbitas em sua vida vão eventualmente entregá-lo à porta do amor. Morda a isca. Não espere. Procure a verdade simples em todas as questões. Opte por expandir seu pensamento. Caso você não o faça, novas circunstâncias criadas a partir de sua hesitação (PTC) o farão por você.

A espiral ascendente

A cada novo sucesso, você se torna mais audacioso. A cada nova surpresa, você se torna mais sábio. Você ri mais, trabalha menos, brinca mais tempo, sente-se melhor. Quanto maiores suas manifestações se tornam, menores suas hesitações. Você já não precisa ter de se justificar. Você começa a mudar de dentro para fora. E os sucessos prosseguem; mesmo quando você não quer tanto, você obtém mais. Sim, sua vida é muito abundante. Suas prioridades começam a mudar. Tudo parece fácil. Você chega a um platô e descobre que não são as coisas materiais que lhe trazem a maior alegria, mas sim a busca delas. E não é o que se espera da busca que lhe atrai, mas sim o que não se espera – as dádivas ocultas, os novos desafios, os temores e os inimigos. Essas são suas maiores dádivas! *Dádivas*, porque foram encontradas, enfrentadas e superadas. Elas se tornaram marcos de

> **Nada faz sentido, *a não ser o amor que você sentia por alguém*.**

cada jornada e é disso que você se lembra com o maior apego. Você não é a mesma pessoa que uma vez foi, mas tem a mesma essência; o mundo também parece ter mudado, mas ainda é o mesmo. A vida subitamente faz sentido e você quer viver para sempre.

Ajudar aos outros por interesse próprio

Conforme sua visão de mundo se amplia, você se torna consciente de sonhos que você não sabia antes poder sonhar, e de amores que você não sabia antes poder sentir e dar. Você quer se colocar a serviço dos outros e fazer a diferença na vida de seus próximos. Isso subitamente se torna o que você mais quer fazer. Você se torna humilde, não apenas porque tem essa oportunidade, mas porque pode vê-la agora. Você chora lágrimas de alegria quase todos os dias. Você se sente fisicamente mais leve, como se pudesse flutuar. Você percebe que seu espírito sente o amor de maneira inteiramente nova, não como uma escolha, mas como um canal para algo bem maior. Você não julga nada porque vê a si mesmo em todas as coisas. Você não culpa ninguém, porque culpa é a evasão da responsabilidade. Animais são atraídos até você. Árvores se comunicam com você. Arco-íris o seguem pela terra. Golfinhos o seguem pelo mar. O não visto se torna visível e não há ponto no espaço que não esteja pleno e repleto de Deus, amor, perfeição, aceitação, e, você está presente em tudo isso também – comece a pintar sua obra-prima.

Todavia, apesar desse verdadeiro florescimento diante de seus próprios olhos, aumentando a cada dia, uma persistente tristeza incomoda seu coração. Você se dá conta de que esse amor desenfreado está sempre presente, por toda parte, mesmo agora, enquanto você lê estas palavras, mas há tantas pessoas que não o veem e não o sentem. As vidas e experiências dessas pessoas parecem ir na direção oposta ao bem e ao amor que você sente agora. Sua vida é perfeita, exceto por essa nova tristeza, que o leva a um novo tipo de desejo. Aquelas coisas que você uma vez quis para si, a maioria das quais você já tem, você agora as quer para outros. E as coisas que eles querem, você deseja que eles a tenham. O que você mais quer, individualmente, é acabar com a dor e tirar o peso das costas dessas pessoas.

E ainda assim, mais amor, mais glória, mais oportunidades, aparecem o tempo todo para você.

A perfeição chocante

Enquanto você pensa naqueles que não compartilham da alegria que você sabe que está disponível para todos, e enquanto você age para corrigir esse desequilíbrio, você descobre o impensável: muitas pessoas têm as mentes fechadas *por opção*! Ou seja, quando lhes aparecem novas ideias para que reflitam e talvez mudem seus caminhos, *a maioria ainda prefere ficar com as ideias antigas*! Elas estão cegas por suas ilusões e presas na armadilha de seus medos – resistentes, dogmáticos e inflexíveis.

E isso as atinge. Você já esteve onde elas estão, contudo, encontrou seu caminho para a verdade. E, em retrospectiva, você reconhece que já precisou estar nessas situações para conseguir chegar aonde está agora. Você também se dá conta de que seu caminho e a luz que levou a ele eram inevitáveis; é o caminho de todos no tempo e espaço. E então você, de repente, percebe que, assim como uma vez escolheu passar por tudo o que passou, com coração e mente fechados, para eventualmente descobrir o caminho do amor, *elas também estão em sua própria peregrinação, feita sob medida para elas, para que alcancem o mesmo amor que você descobriu.* Você vê a perfeição. É impressionante. Totalmente chocante. Decisivamente perfeito. Todos estão onde mais querem estar. Todos estão vivendo seus sonhos, exatamente agora, mesmo que eles digam outra coisa, mesmo quando dói. E é exatamente isso que vai levá-los ao seu lar, à mais verdade, luz e amor. Exatamente como aconteceu com você.

Você não enfraquece quando serve aos outros; a ideia de ajudar os que ainda não foram ajudados, *mas que estão prontos ou quase prontos,* de criar ondas de bondade que se perpetuam pela eternidade, é demasiado irresistível. Você jamais deixará uma oportunidade desse tipo passar por você. Não deixará de erguer outros mais alto para a luz. Mas isso não será um serviço altruísta, de negação e de sacrifício em nome dos outros. Você não estará entristecido e arrastado pelo caos da mente dos outros, você não ficará mais decepcionado pelos que precisam de mais tempo. E jamais, de novo, protelará sua própria felicidade quando os que você ama escolherem ser infelizes. Em vez disso, você honrará todos os que falam ao seu coração e brilham por meio de sua luz. Dessa forma, você ajudará essa pessoa, fará bem a você mesmo e também aos outros envolvidos.

Seus sonhos são seus por uma razão: eles vão conduzi-lo, cada vez mais rápida e precisamente, para o amor maior.

A fronteira final

Houve um tempo na Terra em que se acreditava que a violência era a única maneira de exercer controle, viver deliberadamente e reivindicar o que era seu de direito. E, por consequência, as evidências mostravam que aquele era o caminho para os que naquilo acreditavam. Por um tempo muito longo, poucas pessoas, quase ninguém, *pensavam* de outro modo.

Houve um tempo em que se acreditava que adorar aos deuses certos ou idolatrar os profetas certos era a única maneira de governar com sucesso um império; lembre-se dos impérios do Egito, da Grécia, de Roma, *e pense na maior parte do mundo hoje.* E, por consequência, as evidências mostravam que aquele era o caminho para os que naquilo acreditavam. Por um tempo muito longo, poucas pessoas, quase ninguém, *pensavam* de outro modo.

Houve um tempo em que se acreditava que escravidão, desonestidade ou intimidação eram necessárias para ser economicamente bem-sucedido no mundo. E, por consequência, as evidências mostravam que aquele era o caminho para os que naquilo acreditavam. Por um tempo muito longo poucas pessoas *pensavam* de outro modo.

Houve um tempo em que se acreditava que os homens eram superiores às mulheres, que certas tonalidades de pele eram melhores que outras, e que certas nacionalidades, culturas e valores eram superiores a outros. E, por consequência, as evidências mostravam que aquele era o caminho para os que naquilo acreditavam. Por um longo tempo poucas pessoas *pensavam* de outro modo.

Nenhuma dessas visões jamais foi verdadeira, exceto para os que escolhiam acreditar nelas. Elas foram e são paradigmas passageiros, que rapidamente ficaram em evidência, causando grande dor até serem superados por verdades mais elevadas. Você tem dentro de

> Procure a verdade na beleza da vida. E procure sua beleza naquilo que dói.

si a faculdade de discernir, entre infinitas possibilidades, a verdade de que precisa para viver uma vida feliz e plena hoje.

Para descobrir e sentir o que você precisa – que você pertence a Deus, que você escolheu tempo e espaço, que você sabia o que estava fazendo, que tudo isso fará sentido um dia, e, que para, ficar bem e ter experiência incríveis – é preciso sempre ter em mente que:

1. Tudo é Deus.

2. Pensamentos tornam-se coisas.

3. Amor é tudo.

Você é adorado.

DE UM QUERIDO FALECIDO

Caro Wedge,

Eu nunca chorei tanto quanto chorei aqui. Também nunca ri tanto quanto ri aqui.

Eu pensava que sabia o que esperar da morte – você sabe, "Deus, julgamento, alguns parentes falecidos" ou "luz apagada, jogo encerrado, nada absoluto" –, mas agora vejo que não tinha a menor ideia. Nada poderia ter me preparado para tudo o que encontrei. Não consigo imaginar como o mundo inteiro sempre esteve tão errado.

Como é que o simples fato de existirmos já não foi prova suficiente de que há inteligência no Universo? Que tudo tem um propósito, que a vida é boa e que as pessoas são incríveis?

Parece até que existe algum risco em acreditar no que é claramente óbvio.

Se eu tivesse um simples e mero indício da verdade sobre a vida, de tudo o que sei agora, enquanto eu estava vivo, as coisas teriam sido muito diferentes para mim! Imagino como seria viver conscientemente em meio ao romance de "tudo ou nada" do tempo e espaço, aprendendo a mudar o que você não gosta, acrescentar mais do que você gosta e nunca ter medo de nada! Viver onde há tanto amor, amor, amor, por toda a parte, sempre.

Por que não vi isso antes? Se eu soubesse antes disso tudo que estou tentando lhe transmitir – sobre a natureza magnânima da realidade –, minha confiança e otimismo teriam disparado e eu teria sido incontrolável, em vez de constantemente imaginar e procurar o que estava faltando em mim e o que estava errado com o mundo.

Nada está errado, querido Wedge! Você é excelente, a vida é linda e tudo é exatamente como deveria ser. Em um piscar de olhos isso também ficará claro para você, quando sua vida terminar. Mas ela não termina. Não espere, Wedge. Vá, viva e descubra a preciosa maravilha que você é. Dance, cante, siga seu coração e saiba que você está sendo cuidado. Você é amado. Você está onde mais queria estar, com aqueles que você mais gostaria de estar, fazendo as coisas que mais queria fazer e com infinitas possibilidades de fazer ainda mais.

É claro que você ainda tem sonhos não realizados, desafios e coisas que você quer mudar! É por tudo isso que você está aí! Procure sempre dar um passo adiante, mover-se em direção ao que você busca, ir onde você nunca esteve e pensar no que você nunca pensou. Deixe as casualidades e coincidências da vida acontecerem de maneira perfeita, fazendo que seu espírito cresça e provando que a odisseia da vida é divinamente inspirada e, assim, a qualquer momento, desde que esteja seguindo em frente, você pode contar com a intervenção divina – sua própria intervenção divina!

Daqui fica claro que a vida na Terra é um processo de ascensão, que tudo o que você aprende o eleva. Não importa o que acontece em seguida, pois você sempre será capaz de amar mais – amar outra pessoa ou amar a si mesmo. Dar amor eventualmente se torna uma necessidade maior do que receber amor. É um vício que afeta todas as almas realmente antigas. E essa transformação é possível porque você escolheu "arriscar tudo". Na verdade, não havia nenhuma chance de perder, falhar ou ser diminuído, mas ninguém sabia disso!

E este é justamente o teste, Wedge. Um teste de percepções, sobre no que focar, no que acreditar, como ignorar as aparências, e como lembrar sempre que as novas experiências simbolizam tudo o que compreendemos e o que não compreendemos. Procure a verdade na beleza da vida. E procure sua beleza naquilo que dói.

Você não poderia ser mais digno de tudo o que seu coração deseja agora, caro Wedge. E você merece conquistar tudo.

Dançando no topo do mundo, bebendo chocolate quente, com muita afeição por você, me despeço.

Dolmar

EPÍLOGO

Não foi fácil escrever este livro. Os mortos cooperaram. Mas será que os leitores vão cooperar também?

Se a verdade foi compartilhada aqui, como acredito que foi, você pode se perguntar como eu o faço e por que ela não foi compartilhada de forma tão explícita antes. Na verdade, grande parte dela foi; a lista de leituras recomendadas irá mostrar isso. Contudo, muitos dos temas que abordei não foram abordados por outros autores. Por quê?

Penso que há duas razões:

1. Poucos compreendem de forma absoluta que todos somos os olhos e ouvidos do Universo, *literalmente* "partículas" de Deus trazidas para a vida.

2. Algumas coisas que compartilhei podem ser extremamente ofensivas para aqueles que ainda não estão prontos para (ou não querem) ouvir.

Eu não ligo para a primeira razão – obviamente ela é muito pretensiosa –, mas me preocupo com a segunda.

De qualquer forma, se não fosse eu, mais cedo ou mais tarde alguém teria compartilhado entusiasmado o que de fato acontece. A verdade é a verdade, e ela acaba aparecendo. Além disso, a reação das pessoas em relação a uma mensagem é problema delas e não da mensagem. Há muita coisa boa proveniente da verdade no mundo para as pessoas que *estão* prontas. E a quantidade de pessoas prontas cresce a cada dia, exponencialmente. Multidões *estão* finalmente despertando. Chegou *a hora* na evolução de nossa civilização, e essas pessoas querem começar a descobrir do que se trata realmente sua vida. Eu tenho oferecido uma espécie de mapa rodoviário. Mas alerto que você não deve aceitar tudo o que escrevi sem antes refletir e ponderar em relação aos seus próprios sentimentos, inferências e experiências de vida. Por favor, sempre, sobretudo, faça as perguntas difíceis, veja o que aparece, e então siga o coração e a mente para descobrir os tesouros que de fato o esperam.

Resumindo, com tudo o que compartilhei, e sendo o mais conciso possível, posso afirmar que você está agora diante de um importante dilema pelo qual todo aventureiro da vida eventualmente passa. Você acredita que a vida é *espetacular*...

a. o tempo todo,

b. parte do tempo, ou

c. tempo nenhum.

Antes de escolher, deixe-me perguntar: *A alternativa "parte do tempo" pareceu interessante para você?*

Quando você conseguir considerar a alternativa "a" como sua resposta absoluta – e isso não vai ser sempre fácil, mas não é o caminho "fácil" que você está buscando –, não apenas sua cabeça vai disparar com ideias, mas suas alegrias se multiplicarão, e você também será uma luz na escuridão, ajudando a elevar tudo o que está à sua volta.

Há um novo "xerife" na cidade, e não sou eu. Sabemos que ninguém gosta de mudanças, mas se você – ou melhor, quando você – entrar na festa, uma ordem mundial inteiramente diferente vai se apresentar a você, e nela você encontrará respeito, cooperação, criatividade e amor, que vão desabrochar de uma maneira que não podemos compreender agora.

Seja qual for seu sentimento e sua opinião em relação a tudo o que leu sobre mim ou sobre você mesmo, saiba que você é adorado. No mínimo, os mortos e eu lhe desejamos que saiba de sua imortalidade e de suas capacidades de nascença para viver deliberadamente e criar de maneira consciente.

Até que nossos caminhos se cruzem novamente, talvez em uma grande "festa no céu", faço votos para que tudo o que você deseja agora seja o mínimo que você receba – e eu sei que assim será. A propósito, o novo xerife é você.

LEITURAS RECOMENDADAS

Se você está agora tão curioso como uma vez eu já estive para descobrir "quem mais pensa como nós", aqui estão os livros que começaram a aparecer em minha vida e que me deram maior paz, confirmando meus próprios pensamentos e suspeitas sobre a vida e a realidade. Eles estão listados aqui sem nenhuma ordem específica, exceto pelo primeiro, que é um livro de uma série que balançou meu mundo há quase trinta e cinco anos. Se você procurar esses títulos, ou deixar que outros o façam por você, se você tem perguntas e *insiste* em encontrar respostas, de uma maneira ou de outra, você será alcançado pela verdade.

The Nature of Personal Reality, de Jane Roberts.
Como todos os livros de Seth (e eles são todos notáveis), esse aqui é muito profundo, objetivo e até um pouco complexo, mas eu considero Seth como sendo o "vovô de todos".

Descobrindo o seu poder interior: um guia prático para a exploração do potencial divino que existe no seu interior, de Eric Butterworth.
Clareza espantosa. Extremamente inspirador! Montes de referências bíblicas e cristãs, mas explicadas da forma que originalmente julgo correta, sem o toque religioso.

Sidarta, de Hermann Hesse.
Sabedoria profunda numa história atemporal mundialmente famosa.

O jogo da vida e como jogá-lo, de Florence Scovel Shinn.
Conselhos muito simples e poderosos, escritos na década de 1920. Fácil de ler, para qualquer idade.

Vida e ensinamentos dos mestres do Extremo Oriente (conjunto de seis volumes), de Baird T. Spalding.

De dobrar a mente! Os volumes 1 e 2 são tão aventurosos como inspiradores.

Ilusões: as aventuras de um messias indeciso e **Fernando Capelo Gaivota**, de Richard Bach.

Animadores, divertidos e fáceis de ler. Esses dois romances estão na lista de quase todo mundo por boas razões!

Viagens fora do corpo, de Robert Monroe.

O clássico de experiências de fora do corpo.

A vida depois da vida, de Raymond A. Moody Jr. e Elisabeth Kübler-Ross.

O clássico sobre a vida pós-vida e experiências de quase morte.

Conversando com Deus, de Neale Donald Walsch.

Cada um dos livros nessa série é excitante. Eles também são muito fáceis e divertidos de ler.

O livro de Emmanuel, de Pat Rodegast e Judith Stanton.

A série toda dos livros de Emmanuel oferecem lembretes delicados, mas poderosos de quão angelicais todos nós somos. Maravilhoso.

Ramtha: o livro branco, de Ramtha.

Muito simpático, poderoso e inspirador. Outra leitura fácil e uma das mais poderosas listadas aqui.

O Profeta, de Khalil Gibran.

Insight sobre as verdades mais básicas da vida. Outro *best-seller* perene internacional.

A ciência de ficar rico, de Wallace D. Wattles.

Se você já pensou que poderia ser rico, vai amar esse livro. Uma perspectiva realmente única e encorajadora.

Messages from Michael, de Chelsea Quinn Yarbro.

Muito excêntrico, mas repleto de verdade e contendo material revolucionário que nunca li ou vi em nenhum outro lugar. Ele me ajuda a ser menos crítico com os outros e mais paciente comigo mesmo.

A revolta de Atlas e **A nascente**, de Ayn Rand.

Embora Ayn Rand fosse agnóstica/ateia, seus livros são extremamente espirituais, pois ela se considerava uma "adoradora do homem" e se alegrava na glória da vida e em nossa capacidade de ter domínio sobre tudo. Suas novelas épicas são contagiantes, românticas e profundamente filosóficas, e seu talento é excepcional.

O segredo (DVD e livro), de Rhonda Byrne.

Sou agradecido por ter sido um dos professores presentes nesse notável documentário sobre a lei de atração. É tão inspirador quanto iluminador.